営業をしなくても仕事がやってくる

G《ゴキブリ》駆除業者のすてきな話

株式会社 クリーンライフ
代表取締役

大野 宗

はじめに

私の仕事は「ゴキブリ駆除」です。35歳のときに脱サラすることを決めてから、この仕事に巡り合いました。

みなさんにずばりお尋ねしますが、ゴキブリ（以下、Gと表記）を駆除する仕事とは、レベルの低い単純作業だと思っていませんか。汚いイメージがあり誰もがやりたいとは思わない仕事、頭を使うことなくただ薬剤を撒くだけ。そんなふうに考えていませんか。

実は単純作業じゃありません。高度なテクニックと頭脳を使う仕事なのです。

私が脱サラを目指したのは「人生を賭ける仕事をしたい」と思ったからです。そこでさまざまなビジネス書を読み漁り、この仕事を知りました。

私はこの世界を深く知りたくて、この事業者について行ったときのことです。私はいきなり、たくさんの感謝で出迎えられるシーンと出合いました。

場所は百貨店の飲食フロア。ここがクローズした夜の10時、各店長が次々と現れ「店の中からGがいなくなりました」とその駆除事業者に深々とお礼を申し上げているのです。

「この仕事は、本当に困っていることを解決する仕事」

「人から感謝される、喜ばれる仕事」

私は、このような仕事であることを確信しました。そして、私の人生を賭ける仕事にしていくことを決意したのです。

この私にとって衝撃的な原体験は、私に「徹底的に駆除を行う」「仕事に手抜きをしない」という信念をもたらしました。

そして、会社を法人化し「駆除技術日本一の会社」を目指して、「会社に誇りを持ち」「仲間意識を持ち」「仕事にやりがいを感じること」をミッションに、駆除事業を推進しています。

私は「G駆除のブランディングがしたい」と考えています。それをアピールするためのポイントをこの本に詰め込みました。

G駆除という仕事は、G駆除だけが目的ではありません。当社のお客様である飲食店の方々、これらのお店を愛するお客様等々、たくさんの人々がハッピーになることが本質的な目的です。

私は、夢を追って、全力で行動し、いま生きていることを全力で楽しむことを信条としています。そして、社員のみなさんと一緒に全力で仕事に取り組んでいます。

本書から、この私の思いを感じ取っていただければこの上ない幸せです。是非、ご注目くださいませ。

【目次】

表紙撮影／石井真由美

第1章

私がG駆除業者になったワケ

～「たくさんの人が困っていること」を解決する仕事

理系のサラリーマンとして奮闘する

私はどうしてG駆除業者になったのでしょうか。

この本で、私が人生の中で大切にしていることを書いていきますが、まず、その原点となること、「私がG駆除業者になったワケ」をここで書きます。

私は学生時代にプロのレーシングドライバーに憧れ、さまざまなレースに出ては次のステージに進むことを一生懸命に考えていました。レースに出る資金をつくるために、露店で桃を売りました。

しかし、あるとき片山右京選手の走りを見て「こりゃ、自分には無理だ」と思ったのですね。そこでレーシングドライバーの道を諦めました。このあたりの経緯は、この後で詳しく書きます。

そこで、私はサラリーマンになります。会社は、インクリボンをつくっているフジコピアン株式会社。上場している会社です。私の父は、当時テレタイプ修理販売の会社を経営していて、フジコピアンは取引先でもありました。ですから、私はこの業界のことを良く知っていました。

私は近畿大学理工学部で経営工学を学びました。工場の生産性を管理する勉強です。このような経緯もあって、この道を志しました。

初任給は12万７０００円。いまでもはっきりと覚えています。私は桃の露天商をしていたときに、1日4～5万円利益を出していました。だから「なんや、桃売りの3日分もないやん」と。

私が配属された部署は生産管理です。「いかに効率よく商品をつくるか」という部門です。

私の性格は「思ったことを口に出す」タイプです。入社してから、会社の中にこもっているよりも、「大野は外に出した方が向いている」と思われていたようです。

会社としては、これからもっと売上を伸ばさないといけない。私が30歳のときに、営業を強化するために、社内のさまざまな部署から1人ずつ営業に集められました。そのメンバーに私も含まれたのです。

ここの仕事は、いわゆる開発営業です。プリンターのメーカーである、キヤノン、エプソン、松下電器（現パナソニック）、カシオというところと一体となって新商品を開発していました。フジコピアンでは8年間働きましたが、いまの自分にとってとても勉強になりました。

開業資金がなくても独立できる道とは

35歳になった私は、自分の人生を真剣に考えてみようとなりました。それまでは「今度の土日は何して遊ぼうか」ということしか考えていませんでした。ときには「昔やった桃売りは面白かったよな」とか、自分でいろいろと商売のやり方を工夫していたことを楽しく思い出していました。

「じゃあ、何か商売をしよう」と。いろんなビジネス本を読み漁りました。

あるときG駆除の記事に巡り合いました。それまで、この仕事はにおいのきつい消毒液を使って行うものだと思い込んでいましたが、ここには「クリーム状の薬を、隙間に付けてGを完全駆除する」というやり方が書かれていました。「クリームって何?」「一匹もいなくなるって何?」と、私の頭の中には「?」が続きました。

当時、クリーム状の薬を使って駆除している会社が東京に2社あることを知りました。

私は、これにとても興味を抱くようになり、土日の度に東京に出向いて、これらの2社の担当者からお話を伺うようにしました。ただし、そのころの私は、新しい仕事でGを相手にすることには抵抗感がありました。とは言え、独立するにもお金がない。

独立に際してまず考えたことは、フジコピアンでのスキルを生かすのであれば自分でインクリボンをつくる機械を買って、インクリボンをつくって、文房具屋さんに売りに行くということでした。インクリボンの問屋になるという道もあるでしょう。

でも、やっぱり開業資金がありません。「お金がなくても出来る仕事」ということをずっと考えていました。

そこで、ふと学生時代のアルバイトのことを思い出したのです。私は露店で桃売りをやっていましたが、同時に喫茶店のアルバイトもやりました。

この喫茶店は、小さい店でした。時間帯によってはワンオペになりました。キッチンもウエイターも全部自分一人。お客さんが来たら、ピラフに焼きそばにと注文を聞いて、キッチンに入って料理をつくります。

その店、Ｇがものすごく多かったのです。レンガの壁の隙間に巣をつくっていました。料理をつくろうとキッチンで鍋にラードを入れる。これから卵をいれようかな、と思うと、Ｇがポトンと落ちてくる。

サンドイッチをつくるときに、まな板の上に「いないよね」と確認してから、食パンを置いてカットしたり、とか。

四六時中チョロチョロしていました。こんなことが一部当たり前みたいな環境がありましたね。

G駆除はお客様から感謝される仕事

私にとって、独立するという動機は「これから金持ちになって、いい車に乗ったるねん」という思いです。「どないしたら、金持ちになれるのか」「どないしたら、いい車に乗れるのか」といったことです。

でも、毎週土日東京に出向いてGの業者さんに話を聞いていて、あるときこの中のA部長さんが「大野くん、そんなにG駆除に興味があるの?」と聞いてこられた。私が「あります」と答えたところ、このように言ってくださいました。

「今度、銀座のB百貨店の8階の飲食フロアに一緒に行ってみる?」

私はすぐさま「行きます!」と。そこで、次の土曜日の夜の10時にB百貨店の8階に行ったのです。

この百貨店は夜の10時に店が閉まるのですね。すると、このフロアの中心部で待機していた私たちのところに、このフロアの各店の店長が集まってきました。そこで、次々とこう言いました。

「Ａ部長、本当にありがとうございます」「本当に一匹もいなくなりました」「本当に助かりました」と。みなさんとても感激していて、Ａ部長に感謝しているのです。

みなさんがＡ部長に深々とお辞儀をしている様子を見ていて、私は「この仕事、いいんちゃうの」と純粋に思いました。そして「自分の一生の仕事にしよう」と思ったのです。

そこで、私はＡ部長に「この仕事をやりたいです」と言いました。

その会社はフランチャイズ展開をしていたことから、Ａ部長は「じゃあ大野くん、うちの加盟店になる？」と尋ねてきました。

私は渋りました。

「加盟店になるには、めっちゃお金がいるし、ロイヤリティも取られるし」

「とは言っても、初めての仕事で、自分一人で営業するのは自信がないし」と。

すると、Ａ部長は「大野君は加盟店なんかにならなくていいよ」と言いました。

「こんな害虫駆除なんてしょうもないよ。もっといい商売があるから」という。

「それって何ですか？」と聞きました。

それは浄水器のネットワークビジネスでした。

「私やりたくありません」とお断りしました。

困っていることを解決する仕事

私がこのお話を断った理由はこうです。

浄水器を販売するときに、お客様に水について小難しいことを説明して、何がいい水なのか、見た目ではよく分からないものを、お客様に「ふーん」という感じで納得させて買ってもらいます。


率直に言って、大抵の人は水について心底困ってはいません。私は、人が本当に困っていることを解決する仕事をしたかったのです。A部長が飲食店の店長さんたちから真に感謝されている様子を見て、このような思いを確信するようになったのです。

A部長は、私の思いを納得してくれて、このように言いました。

「大野くん、そのとおり。飲食店さんはみんなGに困っているんですよ。G駆除の仕事は困っていることを解決する仕事なんですから、大野くんは、すぐにG駆除の営業はできますよ」

そこで「浄水器を2台買ってくれたら、G駆除のやり方を教えてあげる」という。

浄水器は1台20万円くらいでした。これを2台買う約束をしたら、B百貨店の飲食フロアの勝手口に入って「こんなところに付ければいいんだよ」という具合に教えてくれました。とは言っても、ほんの5分間程度でしたが。

大阪にもＧ駆除の会社はたくさんあります。私は大阪で、これらのＧ駆除業者の先輩たちに挨拶に出向き、私が東京で体験したＧ駆除の感動を、熱い思いを込めて語りました。

その中に、私を大いに落胆させる話をする先輩がいました。

私は「年間保証を付けてＧ駆除の仕事をしたい」と言ったところ、その先輩はこう言いました。

「お前はアホか。あんなものは少し残した方がええねん。完全駆除したら、次から仕事がなくなるで」と。

私は心の中で反発しました。

「それは、違うんやないですか！」と。

この一連のストーリーが、わが社を創業する決断したときのお話です。Ａ部長が私にもたらしてくれた感動体験が、わが社の創業精神となりました。ですから、当社ではＧ駆除の仕事をするに当たって、手抜きをして帰ってくるということは絶対に許しません。「駆除技術日本一」を目指しています。

営業の仕方を自分で考え出した瞬間

Ｇ駆除業者として独立をする決意をした私にとって、まず、お客様を獲得することが最初の大きな仕事となりました。

サラリーマン時代の私は、飛び込み営業ということをやったことがありません。そこで「どうやって仕事をいただこうか」と思案する日々が続きました。

私はインクリボンの会社にいましたから、インクリボンはいくらでも手に入ります。そこでプリンターを購入して、ＤＭを出して、お客様を獲得しようと考えました。

そこで『ＤＭでお客を獲得する方法』という本を買って熟読しました。

そこには「１０００件のＤＭを送って、３件の反応があれば上出来」と書かれていました。反応率０・３％ということですね。

これで１件に80円切手でＤＭを送って１０００枚となると８万円。１件の契約が10万円として、３件ということは30万円です。これは、なかなか厳しい世界です。

さらに、その本にはこう書かれていました。

「普通に封筒を送ってもだめです。すぐに捨てられてしまうから。封筒の中に固いものを入れなさい。すると、受け取った人は『封筒の中に何か入っている』と気になって、封筒を開けることになる。そこで初めてＤＭを見ることになる」

これって、80円切手に１００円のボールペンですか。１８０円×１０００通となると、18万円にプラス封筒１０００通代。これに対して売上は30万円。こんなことは絶対にできません。

そこで、もっと効率のいいＤＭはないかなと考えました。

それは「繁盛しているところだけにＤＭを出せばいいのではないか」と。

これはグッドアイデアです。では、どんなことをしてリストをつくればいいのか、と。

そこで、再び書店に行って店内を見渡しました。

Ｇ駆除の仕事は飲食店で行うことです。「あっ、そうか」と、食べ歩きとかグルメガイドの書棚に自然と体が向かいました。

これらを手に取って、ページをぱらぱらとめくってみて、こんなことがひらめきました。

「ここで紹介されている店は、衛生面にすごく気を配っているんだろうな」ということです。

スマートでさわやかなDMメッセージ

早速これらの本を5冊買って、これらに載っているところにDMを送ることにしました。まず、これらの本から顧客データをつくる作業です。この作業を進めて気付いたことがあります。それは、これらの本の中には、掲載がダブっている店がいくつかあるのですね。例えば『大阪グルメガイド』にのっている店は『大阪食べ歩きの店』にものっているのです。

そこで、これを仕分けするために、何か顧客コードを付けていけば、顧客データの二重登録はなくなる、と。

そこでひらめいたのは電話番号です。電話番号とは日本に1個しかないのです。その店オンリーワンのものなのです。

私はサラリーマン時代に生産管理をやっていましたから、データ管理をするのは得意です。まず、自分で電話番号を「検索キー」にしたデータベースソフトをつくります。次に、本を見ながら電話番号を入力します。電話番号を入力すると既に登録済みのデータかどうかが分かるようにしたのです。

G駆除の仕事をアピールすることですから、Gがグチャっといる様子を連想しがちですが、私はスマートでさわやかな内容になることを心掛けました。そして、映画の『ゴーストバスターズ』にあやかって「マジックバスター」という屋号にして、「マジック坊や」というキャラクターをつくりました（いまの名前は「Ｇ博士」です）。

この屋号は、フジコピアンを辞めるときに、当時の上司が「Ｇを退治するんだから、映画の『ゴーストバスターズ』にちなんで『○○バスター』にしたらどうや」と言ってくださったのがきっかけです。

さて、ＤＭの文面はこうです。

「プロの施工士が全ての巣を見つけ出します」

「駆除率 No.1 の理由」

「当社は、MAXFORCE 社の世界最先端ベイト方式をいち早く導入しました。ベイト方式は高い駆除率と安定性から『今、最も注目を集めている駆除方法です！』」

「ベイト方式とは、特別なペーストをＧの巣にポイント施工し、強力な誘因

効果でGを引き寄せ、退治するという画期的な方法です。従来の駆除とは違い、農薬・殺虫剤等は一切散布しません」

これらのイラスト文面をはがきの裏面に掲載すれば、それがどのようなメッセージなのかDMを受け取った人がすぐに分かります。封筒を開かせるために固いものを入れるとか、そんなまどろっこしいことを行う必要はありません。

電話代行業者を営業のパートナーに

さて、いざDMを発送する段となりました。

しかし、そのころは自宅で仕事をしていたので、送り主の住所は「A2棟506」となっていて団地そのものです。いかにも「自営業だな」と思われます。これでは信用につながりません。

また、DMを見て興味を抱かれたお客様から、電話をいただいたらすぐにお応えしたい。しかし、当時携帯電話の電話料金はとても高くて、ポケベルしか持っていません。また、電話が家にかかってきて、赤ん坊がギャーギャー泣いているという状態ではなおさら信用になりません。

そこで電話代行業者さんにお願いしてみようと考えました。普通、電話代行業者さんとは電話をかける方です。そこで、その業者さんに「電話を受ける方もできますか」と尋ねたところ「いいですよ」と。「住所も貸してくれませんか」と尋ねたら「いいですよ」と。

こうして、団地の住所ではなく「大阪市北区西天満○○　○○総合ビル３階」という住所を記入することが出来ました。これがＧ駆除業者である私の住所となりました。電話番号は電話代行業者さんのものです。

そして「マジックバスター」という屋号を堂々と名乗りました。

ＤＭ３００枚を発送し5件の仕事を獲得

そこで、ＤＭ発送第一弾として３００枚のＤＭを送りました。

するとなんと「9件」から反響があったのです。３％ということですね。大阪の食べ歩きの本とか5冊からピックアップした大阪府内の飲食店です。

問い合わせの電話は電話代行業者さんにかかってきます。するとプロのオペレーターさんが「はい、マジックバスターです」とさわやかに対応をしてくださいます。

「いま担当は出かけておりますので、折り返して電話をかけさせていただきます」と。

そして、私のポケベルが鳴ります。

この9件の中から5件が仕事になりました。

これでコツをつかんで、今度は京都の食べ歩きの本からDMを出そうと。そこで大阪と同じ要領でDMを送りました。

「今度はタウンページからDMをつくってみよう」と。大阪府内の仕出し屋さんの情報を集めました。仕出し屋さんは少ないかなと思っていましたが、それでも300件くらいが集まりました。ここでも5件くらいから反響がありました。

次は、病院、老人ホームを捜してみよう。こんな具合に、DMの発送先についてのアイデアがどんどん広がっていきました。

仕事は、安くして取ろうと思っていませんでした。平均単価10万円は必ず超えるように意識しました。

そのポイントは、DMのはがきの裏に書いたうんちくが良かったからです。Gがゼロになる理由をアピールしました。私の仕事に対する毅然とした思いが表現されています。

それ以降、DMは送っていません。このとき契約をいただいたお客様からの「紹介」でのご依頼が続くようになりました。

私は1997年3月10日付けで退職願いを会社に提出しました。こうして、36の歳に独立しました。それまで夜な夜なＤＭのデータづくりをしていました。パソコンもウインドウズが出てきたばかりの当時です。

私は会社でオフコン（オフィスコンピュータ）を扱っていましたが、パソコンのことはまったく知りませんでした。

そこで「会社を辞める前に、パソコンを使えるようにしておかないといけない」と思って、その前の夏のボーナスで、35万円くらいのノートパソコンを買いました。このタイプだと、会社と家の間で持ち運びができると考えたのですね。会社にはパソコンができる人がいたので。その人から使い方を聞くことが出来るうちに、パソコンを使えるようにしておこうと考えました。ディスプレーは白黒でした。とても高かったですね。

パワーポイントでチャンスをつかむ

Ｇ駆除の仕事を自分一人でやっていた当時、私は全店完全駆除を達成していて、ご好評をいただいていました。

独立して３年経ったころに、大阪にある清掃関連業者大手の一社から「Ｇ駆除をやりたい」

とご相談をいただきました。そこで、当時パワーポイントが珍しい時代でしたが、これを駆使してプレゼンを行いました。

プレゼンを終えて、私はコンサルティングの料金について「3年間で1000万円」とご提案しました。

すると、先方の担当者から「なんで自営業でやっているあんちゃんに1000万円払わなあかんのや。株式会社でもないやろ」と言われて。そんなことでしたが、最終的には600万円くらいで契約をしてくれました。後日、別の方が「パワーポイントを使ってプレゼンをしていたのが良かった」と教えてくれました。

そちらの会社さんでは、清掃関連業者のフランチャイズ加盟店さんが100人くらいいらっしゃいました。

この加盟店さんの集会で、私がパワーポイントを使って「いかに素晴らしい事業か」ということをプレゼンします。そして、私のプレゼンのあとに会長さんがこの100人の加盟店に対し「当社は、これからG駆除の事業を展開します。みなさんも一緒にやりましょう」と呼びかけました。「新たにG駆除の事業を行う人は、加盟金〇〇〇万円用意してください」と。

会長としては、新たな事業を売り込む必要があるのですね。こんなときに、パワーポイントという斬新な機能を使ってアピールすると受けがいいじゃないですか。そこで、コンサルタントとして私が選ばれたようです。

神様がつくってくれたご縁で法人化を決断

法人化したのは、平成17年（２００５年）１月７日です。「イイナ・イイナ」ということです。

法人化しようと思って「会社設立、大阪」とネットで検索しました。すると、一番上に「ベンチャーサポート税理士事務所」と出てきたのです。私は税理士事務所というところに対して、情報機能が遅れているイメージを勝手に抱いていたので、ネットで一番上に出てきたことに感動しました。

「ここの会社は進んでいる」と思って、電話をしたところ、二人代表の会社でした。

その二人が私の事務所に来社されて説明してくれました。そのうちの一人は男性なのにロン毛でした。

そこで「会社をつくるためには、これこれのお金がかかります」「当社は、これこれのバックアップができますよ」と。私は「そんなに、お金がかかるのか」と考えて、契約を保留にしていました。

この2カ月後、私は友人とサイパンに旅行に行って、マニャガハ島という無人島に行きました。すると、ブーメランパンツをはいたロン毛の男性がいたのです。ベンチャーサポートの二人代表の一人でした。私たちは、この日の夜にとても盛り上がりました。

私は「これは神様がつくってくれたご縁に違いない」と思いました。そこで法人化する決心をして、こちらの会社にサポートをお願いすることにしました。

こちらの会社は、うちの会社が法人化する1年前に法人化をしていました。いまこちらでは全国10カ所くらいに事業所を持つほど大きな会社になっています。いまもこちらの会社から、税金、相続、マーケティングなどを教えていただいています。

さて、こちらのロン毛の男性はネットに詳しい人でした。

私は、法人化する前の、いまから22年前の当時に、これからはホームページが重要になると考えていました。

当時、小学校5年生の長男に、古いパソコンと共に『初めてのHTML言語』（ハイパーテキストマークアップ言語）という本を与えて、自分で好きなようにホームページをつくらせました。すると「海（かい）の世界」という自分のホームページをつくっていたのです（「海」とは息子の名前）。ホームページ・ビルダーを使わずにですよ。

「お父さんの会社のホームページもつくるから、資料をちょうだい」と言ってきたので、言われたとおりの資料を渡したら、わが社のホームページをつくってくれたのです。

そこで、ロン毛の先生にSEOのことを相談したところ、すぐにチャチャッと操作してくださり「マジックバスター」は「G駆除」の中の検索ワード表示順位で日本一になったのです。

真摯に取り組んだことで依頼が広がる

私は個人事業主として８年間続けていましたが、自分でもやっていて最もよかったと思っているのは「マジック坊や」というキャラクターをつくったことです。その後「Ｇ博士」という名前になりましたが、いま「Ｇ博士」のＬＩＮＥスタンプもたくさんあります。

当時の作業服は「Ｇを退治する」ということで戦闘服のような感じにしました。「マジック坊や」のキャラクターが付いていて、スマートでカッコよかった。

さて、ＤＭを病院にも送りました。そこでＡ病院から連絡があり、Ｇ駆除の契約をいただいたときのことです。

そこでは、清掃関連のＢ社が病院内のカフェの営業と病院全体のＧ駆除を請け負っていたのですが、Ｇが止まっていなかったのです。病室までＧが繁殖していました。

そこで、私は病院中のＧ駆除をすることになったのですが、そのＢ社が経営していた病院内の喫茶店も駆除することになります。

すると、カフェのカウンターにスーツ姿の男性が座っていて、私が作業するのをジーっと見ているのです。私はその目線が気になって「Ｂ社の方ですか？」と尋ねました。その方は一瞬びっくりした表情で「そうです」と。私の仕事内容がどんなものか気になっていたようです。また、私の作業着がカッコよかったので、どこかの駆除業者の加盟店かと思っていたようです。

そこで、私の作業のノウハウを真摯に説明しました。普通であれば、私は仕事を取った業者になるので話しかけることもしないし、ノウハウを説明することもないと思います。でも私はノウハウを説明し、そして、このようにお願いしました。

「私は、このような作業の仕方で完全駆除します。お宅様が契約しているほかの病院のG駆除を下請けでさせてください」と。

そこで、同社が契約しているほかの病院や老人ホームのG駆除の下請け契約をいただきました。

また、大きな弁当チェーンの本部も紹介していただきました。会社にする前の、22年前の話です。

その後、2005年に法人になりました。屋号の「マジックバスター」をそのままに、株式会社マジックバスターです。でもこの社名は2年ほどで止めて、株式会社クリーンライフに変えました。

その理由は、マジックバスターの社名ですとGの駆除しかできないイメージがあったからです。飲食店で作業をしていると、「ねずみの駆除はできますか?」とか。「エアコンをきれいにできますか?」「床にワックスをかけてくれますか?」とか、いろんなお問い合わせをいただくようになったのです。

そこで「いろいろなクリーンな仕事が出来ます」ということで、社名を「クリーンライフ」に変えました。

「管理契約」でお客様との信頼をつなぐ

Ｇの駆除とは、いろいろな考え方があります。普通は「Ｇが出てるねん、薬撒いてくれへん」と依頼があって、これに対して「作業」として取り組むことです。

この場合、１回の作業に対して、お金をいくらいただく、ということになります。これだと、次の仕事はありません。

そこで、私はそのような取引ではなく「一年間、Ｇがいない状態にします」と宣言しました。要するに「管理契約」です。「ここには『保証』を付けますから。１年間の中で、再発生したら、何回でも伺います。これ以上のお金はいただきません」という内容です。

初めて伺うと「ワッ！　いる！」という状態。そこで最初の作業で徹底的に駆除作業を行います。冷蔵庫を動かして、場合によっては冷蔵庫をばらして。こうして、コロニーと言いますが、Gの巣のすべてに薬を塗っていきます。すごく時間がかかります。基本は年に2回訪問ですから、初回はともかく徹底して行います。

そこで、半年後にそちらを訪問すると一匹もいません。最初の訪問で作業に4時間かかっても、半年後は短い時間で終わるのです。

2年目は自動更新にしているのですが、ほとんどのお客様が自動更新をしてくださいます。2年目となって、店の中にGが一匹もいないにも関わらず、ほとんどのお客様が更新をしてくださいます。そこで、売上は自然と上がっていくのです。

これにプラス、紹介をしてくださるので、その分売上が上がっていきます。こうして、とてもよい循環を生み出しています。

わが社がゴミをそのままにして帰る理由

前にも書きましたが、この事業に「完全駆除」を目指して取り組もうとしたときに、この業界のある先輩からこんなことを言われました。

「お前はアホか。あんなものは少し残した方がええねん。完全駆除したら、次から仕事がなくなるで」と。

こういう話は、嘘ですね。

わが社が仕事をするとGはゼロになります。それでもお客様は、継続してお仕事をくださいます。それは、契約を止めたら再発するのではないか、と心配されていることもあるでしょう。それともう一つ、私は当社の仕事の仕方がお客様からご評価をいただいているからだと思っています。

初めてご依頼をいただいた飲食店をお訪ねすると、厨房の冷蔵庫などの下には大抵ゴミがうじゃっと溜まっています。わが社ではG駆除の作業をする前に、ここのゴミを全て掻き出します。それは、このゴミの中にGのコロニーが存在しているからです。ですから、ゴミを出すことをやらないで、いくらいい薬を周りに付けたところで駆除はできないのです。

そこでゴミを掻き出します。そのゴミは冷蔵庫などの前の通路に出して、わざとそのままにして帰ります。それは、次の日に、店の料理長や店長に、これまで厨房の中がどのような状態であったかを見てもらう必要があるからです。

これは「ゴミをそのままにしていたからGが発生したのですよ」「ゴミをきちんとかき出して、G駆除の薬を塗りました」という、当社からのメッセージです。

「駆除の技術力」オンリーワンを目指す

クリーンライフに社名が変わってから、仕事がものすごく増えました。G駆除の仕事に加えて建設業の仕事もするようになりました。駆除の仕事をしていると、「こんなことはできませんか?」とお問い合わせをたくさんいただくからです。

お庭を持っている施設から、こんなご相談をいただきます。「厨房の消毒ができるのですから、庭の消毒もできませんか?」と。そこで、実際はやったことがないのですが「できます」と返答します。それが出来てしまうと、「木の剪定もできませんか?」ということになります。さらに「駐車場の車止めをつくってもらえませんか?」「新しく庭もつくってくれませんか?」となっていくのです。

G駆除はビルメンテナンスの一つになるのですが、空調、飲料水、建物のメンテナンス、屋上防水。そして建設業に広がっていくのです。そこでわが社は、建設認可を4つ持っています。造園工事業、左官業、塗装業、防水工事業という具合。

でも，2020年2月にこれらの仕事を全部やめました。その理由は「当社は技術力の部分だけで勝てるG駆除だけにしよう」「日本のオンリーワンの会社になろう」と考えたからです。

建設業、造園業、ビルメンテナンス業ではオンリーワンになれません。

いまの事業は、ほとんどG駆除だけです。そして、年商は2億6000万円です（2023年11月期）。

例えば「値段が安い」「対応が速い」「営業ノウハウがたくさんある」とか、オンリーワンという要素はいろいろとあると思います。わが社の場合はG駆除の技術力のオンリーワンです。

社員はいま、私を入れて全部で13人。うち事務員が1人で、そのほかの全員が作業者です。（2023年12月）。営業マンは1人もいません。仕事は紹介とホームページでいただいています。

コロナ禍の期間に継続して駆除を行う

2020年4月、世の中はコロナ禍となり飲食店から人が遠ざかりました。飲食店では店を休業するところが出てきました。

わが社は作業に行く前に、お店に電話して作業日の打合せをします。

「今月作業月ですが、いつ作業をいたしましょうか」と。

するとお客様は「いまコロナで店閉めてんねん」「作業入らんとって」「払うお金ないわ」と

言われる。

そこで、わが社ではこのようにお伝えしました。

「Gがせっかくゼロになっていますので、この状態を続けさせてください。薬剤の効果は今月で無くなります。コロナで休業していてお支払いいただくお金がないのでしたら、今回お金はいりません。薬剤だけ付けさせてください」

これは「完全駆除のためには、半年ごとに薬をつけないといけない」というわが社の主張でもあるのです。

このやり方はお客様からめちゃくちゃ感謝されました。「本当にいいの？ 申し訳ないから、姉妹店でクリーンライフさんとまだ契約していない店があって、そっちの店は営業を続けているから、そっちの店の契約するわ。作業に入って」と。

そんなことで、コロナの間に解約されるということはありませんでした。逆にコロナの間もわが社の売上は増え続けました。

休業しているお店は、ゴミがほとんどありませんし、食材も置いてありません。ですから、作業は簡単です。いずれにしても「作業をやっちゃった方がええやん」ってことで、「コロナ支援」と銘打って作業を行い続けました。

こうして、コロナ禍という飲食業界の未曾有の危機の間に、クリーンライフはお客様との信頼関係を強くする機会を得たのです。

第2章

仕事の考え方、人材の集め方

～専門性を追求することで、信頼をつなぐ仕事

G駆除の作業を1人で行う重大な理由

わが社の場合、G駆除の作業は1人で行います。大人数で行った方が効率がいいのではと思われがちですが、1人で行う理由には重大なポイントがあります。それは複数の人間で駆除の現場に行くとなって、1人のときと比較すると、作業に対する集中力が10分の1になるからです。半分ではなく10分の1です。

Gを完全に駆除するための方法は、コロニーを絶対に見逃さないこと。コロニーとは、厨房機器や内装の隙間の奥に形成されます。冷蔵庫の下とか。このような細かい部分を全部見ていかなければなりません。

これが複数の人間で行くと、気持ちが大きくなって注意力が散漫になってしまうのです。1人だと、心細い気持ちになり「ここはどうかな？この隙間はどうかな？」と細かく見ていきます。特に、真夜中の1人のときにこのような自覚が生まれます。それが2人3人でいくと、なぜか気持ちが緩くなって「多分大丈夫だろう」と見逃してしまうのですね。駆除の成果も落ちてしまいます。

このような過去経験したことの反省を踏まえて、いまわが社では全社員に「あなたはこの店の担当者ですよ」と専任制に切り替えています。すると担当者はまったく手抜きが出来なくなります。サブリーダーは、担当者が突然辞めたり、病気やケガをしたりしたときに必要な存在だと思いますが。本当にそんなときだけです。

「駆除技術日本一」になるための方法とは何か。それは現場を1人で担当させて、現場の写真を1人で撮って「あなたがお客様に報告にいくのだよ」と責任感を確かなものにしてもらう。このような形にしないと「自分のお客様」という信念が芽生えていきません。これがないと、仕事にやりがいが持てなくなります。

仕事の1から10までを担当してもらう

一般的に小さな駆除の会社では、社長が作業者のスケジュールを組む場合があります。また、会社の中に営業マンという役割があって、この人が仕事を取ってきます。現場の作業は、例えば作業員が4人いたら、社長がその4人のスケジュールを調整する。作業者は、指示をされた日時に、指示されたところに行って作業をする。このような具合です。

しかしこんなことでは、仕事にやりがいも責任感も持つことはできないと、私は思っています。

わが社の場合は、お客様の本社への営業も作業も契約も、あるいはお金の集金も全部同じ人が担当します。

駆除会社の仕事には、1から10までさまざまな仕事があります。例えば、展示会でお客様に説明をします。そのお客様にアポ取りをして営業をします。現地調査をして、見積もりをつくって契約をします。そして作業をして、その結果をフォローして、集金して、という一連の流れがあります。

ほとんどの会社は、この1から10までの仕事を分断させています。例えば「あなたは5と6の担当です」「あなたは営業マンでお客様を開拓する専任者です」「あなたは全体の売上を管理する担当です」といった具合。

これは駆除業者だけではなく、いろんなところで行っている作業の効率を高める仕組みだと思います。でも、このような専任の担当者を設けることは、果たして本当に効率が良くなるものでしょうか。

わが社の場合は、先に述べた1から10までの仕事の全部を1人の駆除技術者に行ってもらいます。その代わり、専任制と比べて1人が担当する仕事の量を減らしています。

1から10の仕事の内容があって、「あなたは4と5だけをやりなさい」となったら、1人で500件はできるかもしれません。1から10までを1人でやりなさいとなったら、それにははるかに及びません。でも、後者のほうが、仕事に対しての責任感が生まれ、やりがいも生まれるし、結果も変わり、売上も変わります。お客様の表情が脳裏に浮かびながら作業するのと、営業からの指示でただ作業するのとでは、作業に対する責任感とモチベーションが全然違ってくるのです。

作業を分業化するとスキルは育たない

私はサラリーマンの当時、フジコピアンというインクリボンのメーカーにいました。このとき、工程管理を担当したことがあります。

ここでは、最初に６６０㎜幅のポリエステルフィルムにインクを塗っていく工程があって、そこで塗布済みロールが出来るのです。その次に、カッティングマシーンで10㎜ほどの幅にカットして、10㎜幅のインクリボンのロールが出来上がっていくのです。そして、これをカセットに入れて、最後包装して出荷します。

この一連の作業は、それぞれ工場が違っていました。塗る工場、カットする工場、組み立てる工場という具合です。

そこで当時の工程管理の上司は、工程ごとに担当者を決めていました。すると、緊急の製造が入ったときに、最初の「塗り」の行程から変えないといけないので、それぞれの工場の担当者である3人がいちいち会って、打ち合わせをしないと工程を変えることができません。この場合、無駄も多いし時間も余計にかかりました。

私はそんなことを何度か経験したことから「私は全部の工程を見ます。その代わり担当商品を減らしてください」とお願いしました。

そこでの言わんとすることは、例えば東京の営業所から工場に「あの商品を大至急つくり変えないといけない」と電話がある。すると全部の工程を私が担当して知っていますから、私が一人で全部の工程をつくり直すことが出来るのです。そこで緊急対応ができて、事故もクレームもありません。

これを、バラバラにやっていると事故だらけになるのですね。それぞれの工場では「原反（インクを塗布したロール）が来ないぞ」「カセットの部品ないぞ。どうなってんねん」という具合。そんなことが日常茶飯事でした。このようなトラブルはすべての業界に言えることでしょう。こんなときに私は「仕事の工程は1から10まですべて1人でやった方が、実は効率がいい」と確信していました。

若者が、会社を選ぶときに大会社とか、ネームバリューがある会社とか、そのような基準で会社選びをしていますね。しかし大会社になればなるほど、担当する仕事は1から10の中の極一部なのです。「あなたは原価計算ね」となったら、朝から晩まで原価計算をしているのです。

この仕事を担当している人のスキルとは、これしかありませんね。勤めている会社が倒産したら、その人のスキルはそこで止まってしまうのです。

お客様の顔を思い浮かべながら行う仕事

そこで、わが社クリーンライフの社員は駆除事業の工程の1から10までできます。すると、もしわが社が倒産したところで、本人は駆除事業のすべてが出来るわけですから安泰です。自分で独立してやろうかな、とか。ライバル業者から「駆除事業に必要な全部の仕事ができるんだったら、うちに来てよ」となる。

みなさんが「人生の安定」を考えたときに、大抵の人は「大会社に入ろう」と思うのではないでしょうか。しかし、本当に人生の安定を求めるのであれば、クリーンライフの方がいいのです。わが社では、駆除事業の工程の1から10まで担当することになるので、どんなことがあってもつぶしが効きます。

いまは銀行が倒産する時代です。大会社も倒産しないとは限りませんから。

それともう一つ、全体の仕事の工程の1から10までを担当することで、仕事に対するやりがいが生まれます。クライアントは自分の「大切なお客様」だという自覚が生まれてきますから、お客様のご要望をしっかりとうかがって、作業の手を抜くことをしません。

お客様のところでの仕事をイメージしているとき、実際に仕事をしているときも、お客様の表情が目に浮かびます。「あとで○○部長に会って、きちんと報告しよう」と、気を引き締めます。だから、仕事は絶対にいい加減なものにはなりません。

相手先の部長に報告する場面を想像してみては「この部分を駄目出ししよう」「これは改善点として報告しよう」とか。すると「こんなところまで施工しくれたんか」ということが思い浮かぶことでしょう。

仮に作業を終えたあとに、もしGのコロニーを見逃して再発生の事態になると、フォローをきちんと行う必要があります。そんなことはあってはなりませんから真剣になります。

それがお客様のところに訪問することなく、現場の「駆除作業」しかしていなかったら、お客様の表情が浮かぶことはありません。誠意ある営業の仕方ということが分かりません。何事にも真剣になることが出来ません。

そこで私は、仕事は1から10まで全部を、1人でこなすことが重要だ、と考えているのです。わが社で仕事をすると、真の意味でスキルが身に付きます。

「最初に採用する１人が重要」と考えた

Ｇ駆除業者にとって、人材を集めることは簡単なことではありません。この仕事を個人事業主として取り組んでいる限りは「私の仕事」という感覚でよいでしょうが、社員を抱えると「生産性」という考え方が優先されることになります。

そこで、社員を募集するとして、仕事の内容が「Ｇ駆除」となると、それを目指して入社を希望するという人はなかなかいるものではありません。

社員募集は現在、求人会社にお願いしていますが「紹介」で採用する時代もありました。

わが社が法人になって求人会社にお願いするようになったのは、ここ５〜６年のことです。それまでは「紹介」で雇用をしていました。

私が個人事業主としてＧ駆除を始めてから、８年後に法人にしました。最初は、就業規則、賃金規定もつくっていません。社員の採用は、私の知り合いにずばり「こうこうこんなことをやっているので、一緒に働かない？」といった感じで誘っていました。「いま給料、いくらもらっているの？」「うちで働けば、これくらいになるよ」と、いまの給料よりも、ちょっとだけ多いくらいの金額を提示するといった感じです。

とは言え、私は「最初に採用する1人がとても重要だ」と考えていました。それは、こんな理屈です。

お客様が100件あるとして、私1人であれば、そこを1人でまわります。そこにもう1人が入ってきたら、2人で100件をまわることになります。ということは1人50件ということになります。

すると、私の給料は1人のときの半分になるということです。

そこで最初に採用した人間が、まったくの未経験者だとしましょう。それは、仕事のできない人に給料を払うことになります。それを、100人の会社に例えると「50人が仕事ができない」ということになります。こんなことにならないように「教育」「訓練」が存在しますが。

ですから私は、社員を採用するときには、最初に採用する1人目が一番重要だと思っていました。

社員第1号は元取引先の技術指導者

私はこの仕事を始めて3年目のときに、飲食店の清掃関連を事業にしている会社が続々とG

駆除事業に乗り出すようになりました。

あるとき私は、ある方を通じて、これらの会社の一社から「Ｇ駆除のやり方を教えてほしい」と依頼をいただきました。この顛末は第1章で書いています。

こちらの会社ではフランチャイズ展開をしていて、作業者が１００人くらいいました。そのときに私がお願いした条件は、「この１００人の方々の一人ずつに教えることはできないので、どなたかお一人、Ｇ駆除の担当者をつくって欲しい」ということでした。

私はその担当者に一生懸命教えました。とても飲み込みが早い人で、この会社のＧ駆除事業はたちまち広がっていきました。しかしながら、私がコンサル契約をして3年目ぐらいのときに、この人がこの会社を辞めてしまったのです。

それから１カ月くらい経って、その元担当者に「いま、どうしてるの？」と電話をしました。するとその方は「自分でＧ駆除をやろうと思っていて、ただいま準備中」とのこと。

そこで、私は早速「うちに来たら」と誘いました。「この人を社員にしたら、Ｇ駆除の事業はうまく広がっていくはずだ」と考えたのですね。

以前からこの方のお仕事ぶりを見ていて、とても優秀な人だと思っていました。飛び込み営業もできるし、電話営業もできるし、作業技術も素晴らしい。さきほどの会社のＧ駆除担当者に抜擢されるくらいでしたから。

そこで、この人をわが社の最初の社員として迎え入れました。

趣味で知り合った人に入社してもらう

わが社で採用した2人目は、私の趣味の一つ、スノーボードのご縁でつながった人です

スノーボードにはフリースタイルとアルペン競技用の板があるのですが、アルペン競技用の板は幅が狭くて硬いのですね。

このアルペン競技用の板でビッテリーターンといって体を雪面に足してほぼ90度傾けてターンする技があるんです。雪面に対して体を90度傾けるということは足の先から肩までが雪面にくっついている状態です。この技を世界で最初にした人がフランス人のセルジュ・ビッテリーだったので、このターンを「ビッテリーターン」って言います。

そこで、これをゲレンデでやると超目立ちます。私は目立ちたがり屋でしたので、この技を一生懸命練習していました。

この当時、私と同じようにこの技をバンバンやりまくる人がいました。私がこの人のことを知ったのは、スノーボード好きが集まるネット上のコミュニティの中でした。その人のハンドルネームは「ガブガブ」さん。雪面を板でガブガブ食い込んでいくのでそういうハンドルネー

ムです。私もその「ガブガブ」さんを注目して、このコミュニティの中で交流するようになりました。そこで「いっぺん一緒にスノーボードに行こうよ」となりました。

スキー場に行く道中、片道５時間あるので、お互いいろんなことを話しました。「ガブガブ」さんはアパレルの世界で働いていて、始発でお店に行き、最終で家に帰る、といった日常のようです。仕事の毎日がひたすら忙しいようです。

そこで私は、Ｇ駆除の仕事をしていることを話しました。「完全駆除すると、お客様からとても感謝される、とても達成感を感じる仕事です」「年間管理契約を取り付けることができたら、こんなにたくさん利益が出るんです」「営業しなくてもどんどん仕事がやってきます」――どれもみんな本当の話ですから、私もすらすらと淀みなく話すことが出来ました。すると「ガブガブ」さんは「その仕事に興味があります」という。そこで、２人目に迎え入れた社員が彼でした。

こうしてわが社は３人体制になりました。そして法人化しました。最初の社員に役員になってもらって、役員は私とその人と２人、社員が１人という会社になりました。

先輩の事業と合体し求人をかけることに

私は、脱サラしてG駆除の世界に入ったときに、全くこの世界のことを右も左も知りませんでした。知っていたことは、Gのコロニーに Gを駆除するクリームを塗って駆除する方法だけでした。

こんなことだけをやっていると、そのクリームに対して耐性ができているGが存在するようになり、ある飲食店ではこの薬が全く効かないという状況に出くわすこともあるのです。この場合、どうしたらいいのか、全くお手上げの状態になったものです。

また、G駆除で飲食店様とお付き合いをしていると「ネズミの駆除もやってよ」「ハエもやってよ」という話に発展することも多々ありました。この分野も私はまったくのド素人なもので、「仕事のチャンスを逃している」「困ったものだなあ」と頭を抱えていました。

すると、同業者の方から「大阪の害虫駆除の世界ですごい人間がいるから、紹介するわ」となりました。この方は、大学と学部も偶然私とまったく同じで、私の2歳先輩でした。この方は学生時代に、大手の駆除会社でアルバイトをしていて、大学を卒業してからそのままそちらの会社に就職したのです。

私はその人の存在を知らなかったのですが、大阪の害虫駆除の世界では有名になっていたようです。その人は大手の駆除会社を辞めたあと、ある会社の幹部をしていたのですが、私に「会社を辞めようかと考えている」と相談してきたのです。私は「じゃあ、一緒にやりましょうよ」とお誘いしたら、事務の担当者を含めて５人がやってきた。そこで私の会社はいきなり８人の会社になりました。

そこから、私の知り合いとか、一緒に仕事をすることになった先輩の知り合いとか、人材を雇い入れて11人の体制になりました。ここから人材採用の会社に依頼して、求人を掛けるようになりました。

「G駆除」という本来の仕事をぼやかすと

しかしながら、G駆除という仕事は、求人をかけたところでなかなか応募が来ないのです。率直に言って仕事のイメージが良くないのでしょう。人がやりたがらない仕事とか、薬を撒くだけの単純作業、とか。そんなことは決してないんですよ。高度な技術が必要な作業だし「完全駆除をすると、お客様から心の底から感謝される仕事」で、これが評判になると「営業しなくても仕事がどんどんやってくる」のです。ものすごく達成感がある仕事なんです。

ところで、先の先輩が入ってから、G駆除のほかにネズミやシロアリの駆除もやるようになりました。また、先輩は建築関係にも顔が広かったことから、大手ゼネコンの人たちとも交流があって、建設業、造園業、ビルメンテナンス業と業務を広げていきました。エアコン分解洗浄とか、飲食店の清掃、外壁補修、庭の管理、屋上防水も請け負うようになりました。

そこで求人採用の会社に広告を出すときに「建設業・ビルメンテナンス業の希望者を望む」という表記をするようになりました。G駆除とは広い意味で「ビルメンテナンス業」なのですね。

これは、ビルのメンテナンスを行って、そこで働く人たちにとって良い環境にする、ということがその仕事の役割なのですね。管理人から、ビルの清掃から、ビルの飲料水の管理、ボイラーの管理、そして害虫の駆除も含まれます。

私の会社は、本来G駆除メインの会社です。しかしながら、「ビルメンテナンス業」をアピールするようになってから、だんだんとG駆除の部分をぼやかすようになっていきました。

このような表記をして人材を募集するわけですから「人を騙して採用する」という側面があったかもしれません。募集している私も、そんなことをぼんやりと感じるようになりました。

そして入社した後に、その人の適性を見て、建設部門、ビルメンテナンス部門、G駆除部門と配属が決まっていきます。採用した時点で、その人に「どの部門に配属されるか分かりませんよ」と言っていました。しかしながら、3人に2人程度はG駆除部門に配属していました。

Ｇ駆除という仕事が、私が本当に訴えたい「完全駆除をすると、お客様から心の底から感謝される仕事」ということを、最初から理解していただいているのであれば、このような配属は歓迎されることでしょう。しかしながら、実際は配属されて、私の思いとは全く逆の印象を抱いていたかもしれません。これは、本当に良くないことですね。

でも、私の考えは、とにかく「日本一のＧ駆除技術力を持つ会社」にしたかったのです。例えば、ほかの会社がＧの完全駆除ができないという場面があったとしても、当社だったら、どんな状態にあっても完全駆除ができるという、そんな技術力のある会社にしたかったのです。

こういうことが一番、当社の社員の仕事のやりがいにつながります。「自分は、21世紀の日本に生まれて、世の中を変えることができたのだ」と、「自分は、飲食業を素晴らしい業界にすることができたのだ」と。こんな誇りを自然と持ち続けることができる環境にしたいのです。

ですから「人をだまして雇う」ということは、絶対にやってはいけないことだと考えました。だまされて入社した人は、結局、一生懸命働きませんね。「『ビルメンテナンスの会社』だというから、私はその中のビルの管理業をやりたかったのに。なんで飲食店に行って、暗い店の隅に入り込んで、Ｇ駆除のクリームを付けてまわらんといかんの」という感じです。

こんなマインドのままで仕事に取り組んでいては「完全駆除」なんてできません。

「完全駆除」とは、飲食店の中でコツコツと根気のいる作業をしないといけないのですが、「だまして雇い入れた人」はそのようなことをやってくれないのです。

「日本一のG駆除の技術力を持つ会社」になるためには、「人をだまして雇い入れる」というようなことをしていては絶対駄目なのです。実際に、G駆除を担当する人たちは、責任感を持って仕事に打ち込むことをしなくなり、お客様からも苦情をいただくようになりました。会社の方向性がばらばらになり、会社の強みというものが散漫になってしまいました。

そこで、私はこの路線を止めることにしました。「ビルメンテナンス業」というあいまいな表現を止めて、本来の「G駆除を専門とする会社」の道を歩むことを決断したのです。

ユーチューブの「発信」が応募につながる

そこで、会社の発信の仕方を変えました。2022年の4月からYouTube（ユーチューブ）を始めました。タイトルは『G博士のクリーンライフチャンネル』です。私はスピーカーとなって、Gに関するわが社の取り組みについて紹介しています。

アトランダムに、どんなことを話しているかを述べると、こんな感じです。

「要注意、冬こそGは現れる!!」

「だまされています、Ｇトラップの落とし穴⁉」

こんな具合に、Ｇの生態と、それに対してどのように向き合えばいいかということを10分前後の動画でまとめています。これを定期的に公開することで、これを視聴してくださるファンの方々が増えてきました。

そして、この1年の間で、３人の方が応募してくれました。彼らはこのユーチューブの視聴者で、これを見ていてだんだんと「博士と一緒に働きたい」と思ったそうです。

私がユーチューブを始めたのは、Ｇ駆除の社会的な役割を「発信」することで、これはとても重要な仕事であって、「完全駆除をすることで、お客様から心の底から感謝される、達成感のある仕事だ」ということを伝えたかったからです。この「発信」が求人活動にこれほど有利なことだとは思っていませんでした。

ここでは「Ｇ駆除はかっこいい仕事」ということのブランディングを想定しています。『Ｇ博士の大野さん』という存在感は、たくさんの人から注目されるはず」と背中を押してくださった方々もいらっしゃいました。

このユーチューブのチャンネル登録者数はいま６６００人です。もうすぐ７０００人になります。これまでの動画の中で視聴回数が多いものでは80万回となっているものもあります。

G駆除をブランディングする

これまで社員の採用に関して、専門の業者様にお願いしたことがあります。わが社の担当になった方々は、それぞれわが社のことを真剣に考えてくださって、私にいろいろなアイデアを提案してくれました。

まず、A社の方はこのように提案してくれました。

「いまの若者は、仕事に対してやりがいを求めています。ですから『こんなに楽しい仕事』『社員みんな仲良し』『あなたのやりがいが満たされる』――こんな感じで行きましょう」と。

すると、まったく反応がありませんでした。

次に、B社の営業の方はこのように提案してくれました。

「G駆除をカッコいい仕事にしましょう。わが社ではこんな道具を使うんですよ。ピストルみたいなガン。ガンをかまえる画像にして男の子の心をくすぐるようなイメージで！」

すると、カメラマンやライターが来て撮影します。すると営業の方の提案から外れた和気あいあいとした雰囲気を前面に押し出すような広告をつくり始めました。

求人の広告とは、こういう方向性でつくるのが一般的なんでしょうか。ガンを持った写真を

わが社の社員と一緒に、わが社のイメージをポージング

撮影しますが、「ハイ、みんな笑顔で楽しそうに笑って！」出来上がった広告はカッコいい世界ではなく、和気あいあいといったイメージになっていました。

そこで、私がカメラを持って、社員にポーズの指示を出して撮影のやり直しをしました。「ガンを斜め上にかまえて」「すました表情でカメラの方を見つめて」と、とにかくカッコいい感じに。

そして、キャッチコピーもこんな感じです。

「我こそは　Gバスターズ　コロニーに狙いを定めてロックオン！　悪を退治しよう」

求人広告でこんなふざけたキャッチコピーはないですよね。カッコいい仕事を前面に押し出した広告です。

すると応募がきたのです。しかも、この悪ふざけしたキャッチコピーをユーモアとして分かってもらえるような方です。

私はわが社のことを「世界最先端」「未来の会社」「スマートな仕事」のイメージにしたかった。このイメージを大切にしてG駆除をブランディングしていく。これがわが社の目標です。

第3章

自社ビルは「ミッション」の形

～会社に誇り、仲間意識、仕事にやりがい

RATE IN JAPAN

この仕事をブランディングしたい心の現れ

わが社の社屋のことを書きます。

わが社の社屋は、大阪メトロ谷町線都島駅（大阪市都島区）から徒歩で７～８分のところにあります。小さな事業所や住宅が立ち並んでいて、ご近所のみなさんが挨拶をする、下町の風情があります。

私は、わが社の社屋が大好きです。それは私の思いを著名な建築家の方々に理解していただき、私の思い通りに形にしてくださったからです。

何度も言いますが、私の思いは「駆除技術日本一」です。そのためには社員にとって、３つの要素が必要だと考えています。

一つは、会社に誇りを持つこと。

もう一つが、仲間意識、一体感を持つこと。

そして、仕事にやりがいを感じていること。

いまの社屋に移る前までは、ビルの一角を借りて事務所にしていました。そんな中で自分の思いを体現する社屋をつくりたいと考えていました。そのわが社の社屋をこの本の表紙にしています。

わが社の社屋は、木造3階建て、建物の中にいると、どこにいても建物の中の全部を見渡すことが出来ます。そして道路に面した壁の部分はすべてガラス張りになっていて、電球色で統一したぬくもりを感じさせるオフィスの様子が道行く人たちに伝わります。初めてわが社の社屋の前を通る人は、みなさん一瞬立ち止まります。「どんな会社なんだろう」と思われているようです。

「この建物は『駆除技術日本一』を目指している会社のオフィスですよ」

それを知るとみなさん驚かれます。わが社に訪れるお客様もみな一様にこう言います。

「駆除業者のオフィスとはまったく思えない」と。

それは、私が率先してこの仕事をブランディングしたいと思っている心の現れなのです。ではまず、どのようにしてこの社屋が出来たのか書いていきます。

社是「和敬喜心」を新社屋に込める

わが社は事業を拡大していく過程で、この都島に事務所を構えるようになりました。ここは大阪の中心の近くにあって、どこへ行くにも便利な場所です。

そんな中で、当時の事務所の隣にあったこの物件が出てきたのです。２０１４年のことでした。そこは２階建ての古い民家で、高齢の男性の方が一人で赤帽を営んでいました。

その方は事業をたたむということで、その土地が出ることになったのです。30年の定期借地権、25坪で月額５万円です。土地は購入するとなると、借入とか税金がかかりますから、25坪を月５万円で借りたほうが絶対に得だと考えました。

そこで、すぐに借りることを申し出て、古い２階建ての建物を解体して「さて、どんな建物をつくるか」と考えました。

この社屋で新しいスタートを切る上で、わが社の社是を考えました。

私は大阪の飲食業界の方々と交流をさせていただき、その中のお一人が「和敬喜心」という言葉を考えられました。その意味は「仲間の輪を大切に、人を敬い、人の喜びを自分の喜びとする。その想いを常に心に。」ということ。「仲間意識を大切にしたい」ということです。当社の「駆除技術日本一」に必要な要素の一つである「仲間意識、一体感を持つこと」を端的に表しているではありませんか。

この言葉の原点は、茶道の中でその心得を示す「和敬清寂」という標語とのこと。この意味するところは「主人と賓客がお互いの心を和らげて謹み敬い、茶室の備品や茶会の雰囲気を静寂にする」という。それが元になった「和敬喜心」という言葉は、とても奥が深い。

「和敬喜心」という言葉を考えた方に「クリーンライフの社是にしたい」と申し上げたところ、快諾していただきました。早速私はこの言葉を書にして、社是として額装しました。

新しい社屋の土地は25坪。建蔽率80％ですから、1フロアが20坪です。また、この地域は「準防火地域」で3階建てまでが目安です。そこで、階段のスペースを含めて60坪がすべてです。

1階は駐車場の必要もある。オフィスのスペースとしては2階と3階で構成。そこで、この最大面積40坪で建物の中を構成しようと考えました。

「和敬喜心」にあふれた空間に

そこでひらめいたことは「どこに居ても、社員みんなの顔が見える」ということでした。

1フロア20坪ずつで2階と3階に分けると、それぞれのフロアの様子が分からない。あるフロアが和気あいあいと過ごしていても、フロアが分断されてしまうと全く別の雰囲気になりかねない。「だったら、2階3階も関係なく、全部の壁を取っ払おう」ということになりました。

表情が曇りがちの社員がいたら、それにすぐ気が付いて「なにかあったの？」と話しかけてあげるような。夜遅く社員が帰ってきたら、会社の中のどこにいてもそのことが分かって、「おつかれさま！」と声を掛けることができるような会社にしたい。そんな間取りを考えたのです。

さらに、社屋の向かい側にあるわが社の倉庫兼駐車場で、誰かがその洗い場で駆除道具を洗っていたら、その様子を社屋のガラス越しに社員が見つけて、すぐに飛んでいって洗うのを手伝ったり。そのようなイメージを描くようになりました。

この社屋の設計を担当していただいたのは関谷昌人先生です（PLANET Creations 関谷昌人建築設計アトリエ）。

古民家の改修から商業施設をプロデュースするなど、建築の世界でご活躍であることは知っていましたが、ご縁をいただいたのは、私の長男の海（かい）が当時、京都大学でボーカロイドのバンド活動をしていて、同じメンバーに関谷先生のご子息がいたということからです。そんなことで、お互いに親近感を抱いて、打ち合わせもスムーズに進みました。

私が考えた社屋のイメージは1時間足らずで話し終えて、その後のことは超有名な関谷先生の考え方を尊重することにしました。

一つの作品としてつくり込みがなされる

関谷先生が打ち出した、わが社屋の構造はこのようなことです。

まず、完全木造でつくるということ。そして「ＳＥ構法」です。このＳＥとは、「Safety Engineering」つまり「工学的に安全」の頭文字からなり、構造計算（許容応力度計算／立体解析構造計算プログラム）を行うことで、科学的に根拠のある耐震性能を確かめ実現させるという意図が込められています。

木造ということで一番気を配ったのは、準防火地域であることから消防法です。また、都島は淀川の流域で堆積地帯であることから17ｍの杭を９本入れました。

内装にはコンクリートパネル（コンパネ）を採用しました。これはコンクリートを打ち込み、所定の形に成型するための型枠としてつくられた合板で、とても耐水性が高いことが特徴です。

一般的には、コンパネを露出させないで、この上に壁紙を張ったりします。あえてその壁紙を使用しないで、木材の素材感を出しました。そして、木材の匂いがそこはかとなく漂って気分は癒されます。

室内をより開放的にするために柱を一切使用しないことにして、建物は大きなコの字型の枠組みを連ねた形となっています。これには播繁先生(播設計室)が耐震構造を強くする仕組みを加えました。播先生はＳＥ構法を生み出した方でもあります。

こうして、わが社の社屋は２０１６年1月に竣工しました。このユニークな構造には、わが社の社是がしっかりと表現されています。

関谷先生は「作品」をつくり込んでいくタイプです。仕事はとても細かく、慎重に進められていました。

私が、先生から上がった設計図を変えさせていただいたのは一点だけです。先生の設計図の階段は、1階から2階、2階から3階へと互い違いになっていました。しかし、私は1階から3階まで1本の形にしました。

設計のプロの先生にとって、私のような素人から意見をされることは本当に嫌なことかと思いますが、私の意見を嫌がらず受け入れてくださいました。

そのおかげで、ビルの中での視界が広がり室内のすべてを見渡すことができるようになりました。

「最優秀建築」としての評価をいただく

そして、わが社の社屋は「2016年度JIA（日本建築家協会）最優秀建築選100選」と「日本建築学会作品選集2018」に選ばれました。

「日本建築学会作品選集2018」では「大名古屋ビルヂング」をはじめ、大きくて話題性の高い建築物が選ばれています。わが社の社屋は、これらのビルの中で最も小さいものと思われます。

ここでは、このように紹介されています。

「前例の少ない完全な木構造現し純ラーメン構造（＊注）の3階建てビルである」

＊注「純ラーメン構造」とは、ブレースや耐震壁がなく柱と梁だけで外力に抵抗する構造。柱と梁だけで外力に抵抗するために、柱と梁の接合部を「一体化（剛接合という）」させる（『建築学生が学ぶ構造力学』より）

「同社は近年ホテルや外食産業の発展により急成長をしているが、害虫駆除というあまり綺麗とは言えないイメージに対し、社員が対外的にも自信を持って勤めることが出来るオフィスを求められた。そこで、清潔で明るい企業イメージの創出に貢献すべく、純木造のオフィスを提案することとなった。」

「計測敷地は間口14・９ｍ、奥行16ｍという非常に細長い土地で、細かく室を仕切ったのでは空間が分断して狭苦しいオフィスビルになってしまう。そこで大断面集成材による3層一体の連続剛性門型フレームを構成し、細長いチューブ状の空間とすることで水平方向の開放性を確保することにした。竪穴区画も不要としたため、スキップフロアで全体を見渡せるような一体的な空間となった」

「準防火地域ながら、法的要件を満たし全ての柱梁床は木構造を現し、壁は針葉樹合板の現しを可能として、収納も全て針葉樹合板としたことで、木材以外の余計なエレメントを出来るだけ排除したまさに純木造の空間を実現することができた」

　これに加えて、選者の一人である三好裕司氏はこのように選評を寄せています。

――「社内を見渡せる社屋としたい」「外から戻ってきて従業員が安らげる場所としたい」というオーナーのリクエストが見事に叶っている。スキップによって、フロアをいくつかのレベルに分けながらも一つのつながりの執務空間が形成されている。前面道路側からの自然光も奥まで行きわたるこの空間では、あたかも全員がワンフロアにいるかのような錯覚を受ける。入った瞬間に感じる木の香りと合わせて、遊具のようなオフィス空間は、自然体で肩の力が抜ける心地よい場所に仕上がっていて、疑いなくここで働きたくなる。――

新しい社屋をつくって変わったことの数々

新しい社屋をつくって社員の意識が変わりました。例えば、わが社の社員の名刺の裏にQRコードが3つありますが、一番右のQRコードを読み込むと、このビルの中をのぞくことが出来ます。VRを付けると、建物の中を歩き回ることもできます。この機能を付けた名刺を持ち歩くようになった社員は、当初親兄弟や親しい人に自慢していたようです。

「僕、こんな会社で働いているんだよ」という感じで。

これまで「日本一の駆除技術を持つ会社」となるための3つのポイントを繰り返し言いました。そのうちの一つ「自分が働いている会社に誇りを持つ」という部分。この建物は、そのポイントにものすごく貢献していると思います。

お客様からこの建物に対する評判をいただいていますが、それはとても素晴らしい内容です。

私どもの仕事は、お客様が打ち合わせでわが社まで来ていただくということはほとんどありません。「お店の鍵の受け渡しをどうしましょうか」といった程度です。でも、私はなんだかんだ理由を付けて、お客様にここに来ていただくようにしています。

わが社では甲子園球場に年間指定席を取っています。大阪の場合は、これがものすごく営業に役立ちます。

２０２３年の9月14日、この日は阪神が巨人に勝って18年ぶりにセ・リーグ優勝を決めた日です。私は、この前から「この日阪神の優勝が決まるかもしれませんよ」とお客様にお声掛けしていました。そこで何人かのお客様から

「その日のチケットをくださーい！」と言われていました。

私は、そのお客様にこのビルを見てもらうために、こんなことを申し伝えました。

「私、ちょっと都合がよくなくて、お客様のところまで持っていくことが出来ないんですよ。申し訳ありませんが、こっちまできていただけませんか」と。

そこで、ここにいらっしゃったお客様は、みなさん一様にこう言いました。

「ここがＧ駆除の会社だと思えません」

「ここで働いている方々は皆さん幸せですね」と。

そして私は、このビルをつくった理由について説明をします。

それは「日本一の駆除技術の会社をつくるため」です。「社員に会社への誇りを持ってもら

うために」「社員同士が仲間意識を高めるために」このようなビルをつくったのですよ、と。このように社業に対する思いを十分に込めた説明もできるわけです。

わが社では多くの外食企業さんとお取引がありまして、そちらのお付き合いで当社ではおせちを購入させていただいています。そこで先方も申し訳なく思っていただいて「よかったら集金にお伺いしますよ」となります。

そんなときは、「お待ちしておりますので、どうぞいらしてください」とお伝えして、こちらに来ていただくチャンスをつくり出しています。そこで、わが社の社是が浸透したこのビルを見ていただくのです。

このビルを見て、私の説明を聞いた人たちは、「クリーンライフさんのG駆除技術って確かなんですね」と記憶に刻まれるのです。

オフィスに戻ってきて「ほっとする」

「日本建築学会作品選集２０１８」に選ばれたときに、選者の方からこのようなコメントをいただいたことを前述しました。

「入った瞬間に感じる木の香りと合わせて、遊具のようなオフィス空間は、自然体で肩の力が抜ける心地よい場所に仕上がっていて、疑いなくここで働きたくなる」と。まさしく、私の狙いはここにありました。

G駆除の現場は過酷です。だからこそ、私は社員に心の底からリラックスできる環境の中で過ごしてもらいたい。オフィスに戻ってきて「ほっとする」という瞬間を感じ取ってほしいのです。

そこで、照明はすべて電球色を使用しました。一般的にオフィスでは照明に昼光色を使用していますが、ここでは使っていません。

一般的なオフィスで電球色を使用しない理由は、小さな文字が見えにくくなるからです。昼光色は太陽の光と一緒。一方の電球色はかがり火の色と一緒です。ですから、昼光色とは違って、光に温かみがあって落ち着きがあるのです。

例えば、温泉地で露天風呂に入ったとしましょう。このとき電球色と昼光色ではイメージが全然違います。本当に安らぐ気分になるのは電球色です。居酒屋に行くとしましょう。このときに店の照明が昼光色だと食べ物の色が寒々しくなっておいしい気分になりません。照明とはとても大事なものなのです。

わが社のビルには、お客様や同業者の方々だけでなく銀行の方もいらっしゃいます。

特に、銀行の方には、当社の姿勢をきちんと理解していただく必要があると思っています。

ある銀行の方は、初めてわが社を訪れたときに「G駆除の会社」という知識しか持っていなかったとのこと。そこで「社員は現場から会社に戻ってくると、疲れ果てて帰ってくるのだろう」と思っていたそうです。ところがみんな笑顔で帰ってくるので「びっくりした」と言ってくれました。

空間の中に「働きやすい」イメージが漂う

わが社の求人広告を見て、わが社に応募に来た人にも必ずこのオフィスの中を見ていただきます。オフィスの中で私と面談する場所は、私の机がある3階の隅で、ここからはオフィス内のすべてを見渡すことが出来ます。

そこで、木造で木のにおいが漂って、柱一つなく開放的で、心の底からリラックスできる空間にいて「働きやすい会社」というイメージを抱いていただきます。東京で採用する人にもここに来ていただきます。

私はいつも社内の雰囲気づくりに気遣っています。さまざまな写真を額に入れて壁に飾っていますが、これらは社員の慰安旅行のものです。

コロナ前までは12年連続で海外に行っていました。サイパンでスカイダイビングをしている写真、ハワイでハーレーダビッドソンでツーリングをしている写真とか、社員のみんなと遊んで楽しい時間を共有した様子が満ち溢れています。

夫婦円満になる秘訣も、夫婦や家族と一緒に楽しく過ごした写真を家中に飾っておくことですね。すると楽しい気分がよみがえっていくのです。

このような環境の中で、私は面談をしている人に、私の「日本一の駆除技術を持つ会社になる」という想いを語ります。このとき、私の想いに共感してくれる方は入社してくれます。

求人広告の仕事の内容、給料や休日といった条件面だけを見た人から問い合わせがあって、「○○の日、面接いかがでしょうか」とメールを返すと無視されることがほとんどです。メールが返ってきて仕事内容を詳しく見ると「害虫駆除」となっている。この表面上のワードだけを見て、メールを無視するんでしょうね。実際にこのオフィスを見ていないので、わが社の想いを理解してもらうことが出来ないのですね。

その人にとって、何か人生においての重要なチャンスを逃しているのではないかと、残念でたまりません。

でも、面接で実際に当社に来てくれても、このオフィスの雰囲気の良さを気付くためには、その人のセンスが必要となります。ここの良さを理解できない人は、わが社にとって必要な人ではありません。

日本が400mリレーで銀メダルに輝いた背景

私は、自分の会社を日本人に向いた形にしたいと考えています。感覚的には「昭和の会社」、一致団結することで大きな力を発揮する集団というイメージです。

日本では、会社の社長と社員との格差はそんなにはありません。社長の給料は社員よりちょっと多めですけど、お昼ご飯は同じ飲食店に行きますし。社長の子供も社員の子供もみな同じ小学校に行きます。しかし、こんなことは海外には存在しません。

海外では、一つの街に二つの社会が存在しています。それは、一般人の住む社会と富裕層の社会です。富裕層が行く店は一般人と違うし、小学校も違います。

日本人の社会に、そのようなことがないのはなぜか。それは「社長を中心にみんなで頑張ろう」という社会性が潜在しているからだと思います。

2016年、リオデジャネイロで開催されたオリンピックで、日本は400mリレーで銀メダルとなりました。

ここで、選手一人ひとり、個人の記録を見ると10秒を切ったことのある選手は誰もいません。でも、4人で走ってつないだら銀メダルになった。私は「これが日本だ」と思うのです。

個人一人ひとりがみな「80」であっても、会社の全員が力を合わせたら、会社全体では「100」になっている。それが日本だと思います。

残業していて、独りぼっちの残業はつらいことです。でも、同じ目標を持っている仲間たちと「残業しようぜ」となったら、ものすごい力を発揮します。私にはこのような経験があるのですよ。

クリスマスイブにみんなで残業したこと

私はサラリーマン時代にインクリボンのメーカーに勤めていました。大手のプリンターメーカーが新しい機種を開発すると、それに合わせたインクリボンをつくらなければいけません。インクリボンの種類もそうですが、それを入れたカセットも同様、毎週のように試作を繰り返していました。

ある年のクリスマスイブの日、東京の営業マンが大慌てで大阪にやってきました。プリンターメーカーの新機種に合わせてつくったインクリボンのカセットがうまく合わないという。このとき、工場は止まっているし「明日やろう」では間に合わない。

会社に残っていたメンバーは工場のスタッフだけ。生産管理、品質管理、工程管理、外注管理、このメンバーが集まって「じゃあ、いまからつくり直そう」となったのです。

営業マンはまず、カセットを成型する会社から、カセットを500個取り寄せて。研究室から新しいインクリボンを持ってきて、これで500個つくってほしい、と。そこで私たちは、会議室でカセットの部品を机上に広げて、新しいカセットを試作していきました。みんなクリスマスイブのデートの約束を断って。

そんな最中に、誰かが会社を抜け出して、クリスマスケーキを買って会社に戻ってきました。夜中の10時です。作業に集中していたみんなは「今日はクリスマスイブやね」と言いながら、ここで一息ついて、みんなでクリスマスケーキを食べました。そしてまた、すぐにカセットの試作に取り掛かりました。あのとき、私を含めて作業に集中していた仲間は、全員「しんどい」とは思っていなかった。

そこで、わが社の社屋は「社員の輪」を求めました。それを求めたら「和敬喜心」となりました。仲間の輪を大切に、人を敬い、人の喜びを自分の喜びとする、そんな想いをみんなが常に心に抱いているのです。

このような意識を持ち続けると、社員のモチベーションはガーンと上がります。

この後、わが社の社員の給料の仕組み、賞与の評価について書きますが、これらの仕組みは、この社是を元につくられています。

第4章

「給与」と「賞与」の仕組み

~仲間意識を大切にして、営業意欲を尊重する

「勤続給」と「年齢給」が基本

現状、わが社の社員は13人です（2023年12月末現在）。この内訳は20代3人、30代4人、40代3人、50代2人、そして、私という構成。勤務の仕方はフレックスで、月間総労働時間は160時間。完全週休2日になっていて休日は一応定まっていますが平日に休んでも良いシステムになっています。

わが社の給与体系は、「能力給」ではなく「年齢給」が基本です。あえて昭和の時代の会社の体系を踏襲しています。昭和の時代はこの「年齢給」に「終身雇用」「年功序列」が基本でした。「終身雇用」について、会社としては定年まで働いてもらえるような方向でいろいろな仕組みを考えています。「年功序列」については踏襲していません。本人の能力と経験で役職を決めています。

ところで、わが社の仕事はそれぞれ1人で完結しています。第2章でも述べましたが、例えば、仕事の工程が1から10まであるとしたら、その途中の5と6だけを担当するのではなくて、1人の人が1から10まで1人で行います。

では、そのような働き方に対して、会社側はどんな評価をしているのか。これから述べていきます。

毎年アップする給与としては「勤続給」と「年齢給」がありますが、まず「勤続給」は入社してから毎年１０００円ずつ増えていって10年がマックスです。

これが意味するところは、わが社の社員は、勤続することで経験を積んでいくので、仕事の能力、技術力は高くなっていくということ。そして、社内での人間関係のつくり方ということも卓越していきます。「年齢給」も勤続給と同じ側面がありますが、これを設けている一番大きなポイントは「年配者を敬いましょう」ということです。

これが「完全能力給」であったらどうでしょうか。例えば、高校を卒業して18歳で入社した社員が、その会社の55歳の社員を見たときに、下に見たりすることはありませんか。

人間50歳を過ぎると頭の回転が少し鈍くなります。これが「能力主義」の職場では存在感が薄くなり、管理職になっていなかったら、給料は増えることがありません。こんな環境の場合、55歳でヒラのままでいたら、18歳の子と同じ給料かもしれません。

でも、55歳の人の場合、子供は大学生でお金がかかる。高校生だったら塾のお金もかかります。こんな状態で、18歳の子と給料が一緒だったらやる気はなくなりますよね。そこで18歳で入ってきた子が、こんな55歳の社員を見て、自分の40年後の姿を見てしまいます。

わが社はG駆除の会社です。わが社がこのような「完全能力給」にしてしまったらどうなるでしょうか。G駆除の仕事を極めようというモチベーションは生まれませんね。

定年後、嘱託となっても職務は継続する

こんな会社の環境で、ばりばりと働いている25歳の人間は、このような55歳の人間を呼び捨てにするでしょう。そんな会社って雰囲気は良くないし、仲間意識なんて全然生まれません。そんな会社が成長するとは私は全く思いません。

いいんですよ、55歳を超えて仕事がとろくなっても。物覚えが悪くなって、忘れ物が多くなっても。その人はそれまでものすごく会社に貢献してきたし、年齢を重ねた経験というものが存在しています。

私にはこのような思いがあって、社員の年齢を無視して、能力給で給与に差を付けようとは思いません。

わが社の「年齢給」は。50歳までは毎年2000円ずつ昇給します。50歳を超えると毎年1000円となって、昇給はゆるくなっていきます。でも、給料を下げることは絶対にしません。

わが社はいま60歳が定年です。60歳を過ぎたら「嘱託」として雇用するので、その時には給与は下がります。

しかし、あるときこんなことがありました。わが社の一番の年長者が60歳になって、定年を

迎えて退職金を渡して、それから嘱託となって、そこで再雇用となりました。

するると、当時の部長がこのようなことを言いました。

「○○さんは嘱託だから、技術主任の役職は外すんですよね、担当も外すんですよね」と。私は、こう答えました。

「いやいや、何を言うてんの。給料は嘱託の給料になるけれども、担当は外さないよ。定年退職前と同じように、担当しているところに行ってもらいますよ」と。

定年退職して嘱託になった人が、それまでの担当を外されて、会社の中の雑用をしてもらう。これでは仕事のやりがいはありません。

賞与の評価制度を２０１１年に初めてつくる

わが社では賞与の評価の計算式を２０１１年に初めてつくりました。いまは違いますが、これを作成した当時の考え方を紹介します。

まず、Ａ「技術レベル」、Ｂ「作業担当売上」、Ｃ「新規売上（昨年に対してどれだけ売上が増えたか）」、Ｄ「行動姿勢」、という評価の項目をつくりました。

このうちCだけを2倍にして、全部で5つによって評価するようにしました。算式はこうです。

賞与額＝基本給与×［基本月給＋｛(A＋B＋C×2＋D－15)×0.1｝］

各項目は5段階で評価しています。

AからDの評価が全て平均の3であれば(3＋3＋3＋3＋3－15)×0.1で0となり、例えば賞与が3カ月分出るとすると、そのまま3カ月分が出ます。

すべての項目で最高評価の5であれば(5＋5＋5＋5＋5－15)×0.1で「1」となり、同じく賞与が3カ月出るとしたら3＋1で4カ月分出ることになります。

でも、A「技術レベル」において、どんなに駆除のレベルが高くても、ゴミの掻き出しをさぼれば評価1にします。

B「作業担当売上」では、どれだけ物件を持っているかという「お客様の多さ」を金額で表したものが評価軸となります。この評価を始めた当初は、担当者ごとの集計ができなかったことから、全員「3」にしていました。これは、次回からはきちんと評価するからね、という経営者の意思表示です。

C「新規売上」は、昨年と比べてどれだけ売上を増やしたか、ということ。ここを高い評価に持っていこうとすれば昨年の契約を解約されないようにすることと、新しい契約を取ることです。どれだけ新規契約を取っても昨年のお客様を失うとなんにもなりません。

私は経営者ですから、昨年より売上を伸ばしたくて「売上」ということへの評価を高くしていたのですね。だからCを2倍にしていました。これが2倍ということは、評価の全体の40％を新規の売上で評価をしていたことになります。

D「行動姿勢」というのは、「経営方針の理解度」「勤務姿勢」「協調性」「協力性（仲間を助けたか）」「営業の意欲はあったのか」、「自己啓発をしているのか」ということを評価していました。

つまり、この算式のやり方では評価の約半分を売上の金額だけで、判断していたことになります。

これは駄目だということに気付いて、2013年に変更しました。それによって次のようになりました。

売上主義を改め「営業意欲」を評価

賞与額の計算式は一緒です。以前のCは「新規売上」を2倍にして構成していましたが、2013年に変更したものは、「新規売上」を2倍にせず、さらにCを二つに分けて一つはC

1として「新規売上」の金額をそのまま評価、あとの一つはC2として「営業意欲」としました。売上の数字だけを見るのは2つあるCの中の1つだけということです。従って売上を評価するのは全体の10％となります

Aが20％、Bが20％、C1が10％、C2が10％、Dを2倍にして40％（一次評価20％、二次評価20％）です。

先ほど紹介した2011年の賞与の計算は、評価の40％を「売上の数字」で評価していましたが、それを改善した2013年の評価では「売上の数字」を10％に下げて、新たにつくった「営業意欲」を10％、そして「行動姿勢」を20％から40％にしました。つまり「営業意欲」とDの「行動姿勢」で全体の50％を占めるのです。売上の数字そのものよりも営業意欲とか行動姿勢という働き方の比重を高くしたのです。

新しく「営業意欲」を追加したのは、売上の数字というものは、運・不運にものすごく左右されるからです。

その人の売上の数字が芳しくなくてC1が「2」となったとしましょう。でも、頑張っていたのに運が悪くそのような数字になったということであれば、C2「営業意欲」で加点して調整します。

あるいはC1「売上の数字」が「5」だけど、「何もしていないのに、運よくこうなっただけ」と判断されると、C2「営業意欲」で調整します。

そして、一番評価の比重が高いのがＤの「行動姿勢」です。これは一次評価と、二次評価である「３６０度評価」に分けて、それぞれの比重が20％ずつになっています。先ほども申し上げましたが、わが社では、社員の働き方に対しての評価の40％を「行動姿勢」で評価しているということです。これにＣ２「営業意欲」も加えると50％は仕事に対する姿勢で評価していることになります。

もちろん、私は経営者ですから会社の売上を増やしたい。しかしながら、社員の評価を売上の数字だけで判断するよりも「働く姿勢」を評価した方が、社員のモチベーションが上がるということに気が付きました。「働く姿勢」で評価したほうが結果、売上が伸びます。

私はこのような文化を会社の中に浸透させたい。これを賞与における評価の計算式で示しているのです。

仲間意識を背景にした「３６０度評価」

Ｄには「自己啓発」も含まれます。日ごろ、自分から進んで駆除に関する専門書を読んでいるとか。松下幸之助さんの本を読んで「企業人とはどういうものなのか」ということも勉強して欲しい。さらに「安全意識」も含まれます。事故が起きないように。ホウレンソウ（報告、連絡、相談）をちゃんと行っているか、ということです。

この前のDの評価で紹介した一次評価とは、直属の上司の評価です。もう一つ、二次評価の「360度評価」とは次のようなものです。

これは、当人の周りの人からの評価です。当人のA君に対して、B君、C君、D君が「A君は、この半年間こうだった」ということを書きます。例えば「A君は○○に対して、ものすごく前向きに動いていた」とか、「新規の問い合わせが来たら、真っ先に手を挙げていた」とか、という感じで評価の文言を記入します。

今度は、B君に対して、A君、C君、D君が評価する。これが「360度評価」です。この中には課長職も含まれています。このような評価を行っているのは、当社が大切にしている「仲間意識」も背景にあります。

会社の業績を上げる要因として、私は「仲間意識」が重要であることを社内的にも対外的にも何度も言います。「360度評価」は、同僚から良く思われたくて日々行動するということではなく、日々「仲間意識」を大切にしていることによって、お互いを思いやる文化ができていくのです。

「手抜き作業」が判明したら賞与ゼロ

Ｂ「作業担当売上」について。以前は全員を「３」にしていましたが、いまは数字が出るようにしていますので、それぞれにちゃんと数字が入っています。各人の「１日あたりの作業売上」を金額で表すことによって、より分かりやすく見えるようになりました。

ここの評価を高くしようと思ったら、「１日の作業の売上金額」を高くするように行動しなければいけません。

わが社は「年間の管理費」という形でお客様と契約しています。１年間にいただく金額は決まっています。作業が年２回で済めば「年間の管理費」の半分がその日の作業売上です。ところが完全駆除できずに何回も作業に行くと「１日当たりの作業売上」はどんどん下がっていきます。つまり効率のいい作業スケジュールを立て、１日にできるだけ多くの作業に赴き、再発生による追加作業をいかに無くすか。手抜き作業をして再発生させてしまったら、ここの評価はどんどん下がっていくのです。ここの評価からも作業は完全駆除を目指すようになります。

また、新規の見積りに行くときも、安易な値下げをするとこの「１日の作業売上」が下がることになるので後々損をすることになってしまいます。しっかりとプレゼンを行って、提示する金額にお客様が納得するようにしなければいけません。

Ａ「技術レベル」の中では、当然ですが駆除の技術レベルの比重が最も高くなっています。仕事は１：営業、２：見積り、３：契約、４：作業、５：報告書作成、６：点検フォロー、７：集金、８：１年後の契約更新、といった具合に何段階かあります。

会社によっては、ある人は営業専門、ある人は作業専門、ある人は事務作業専門という具合に分業制を敷いているところがあるでしょう。

しかし当社の場合、お客様先の作業を１から10まで１人で担当しますから、スケジュール管理からすべてを各担当者が１人で行っているのですね。自分で営業して受注してきていますから、作業の時にはお客様の表情を思い浮かべながら作業をします。

ですから、適当なことはできません。作業中に気が付いたことは○○部長に報告しようとか思いながら作業します。これも「駆除技術日本一」になるために必要なことなのです。

以前、中には本当に効率の良くないスケジュールを組み立てて、だらだらと残業をしていた人もいました。そこでいまは「残業が少ない」ということも評価の対象にしています。

また、評価の対象としては高くありませんが、報告書をつくる技術、パソコンの技術、薬剤の無駄をしない、道具の手入れをちゃんと行っている、なども見ています。

でも、いくら各技術の評価が高いとはいっても、作業の基本であるゴミの掻き出しを１回でもさぼったらＡ「技術レベル」の評価は「１」です。

さらに、もし手抜き作業が判明したら、Ａの「技術レベル」は「マイナス10」です。例えば、すべての項目が最低評価の１であっても（１＋１＋１＋１＋１－15）×０・１＝マイナス１、賞与の基本月数が３カ月分の時は３－１＝２となり、２カ月分はあります。全部の評価が最低の「１」でも２カ月分の賞与があるのですが、もし、手抜き作業をすればＡの「技術レベル」が「マイナス10」となるので、ＢからＤの評価にもよりますが、賞与がないこともあり得ます。

わが社から「否定論者」はいなくなる

わが社では社員の「協調性」を大切にしています。これが、会社の業績を伸ばす役割を果たす「仲間意識」につながるからです。社員同士助け合っているか。協力し合っているか。みんなが一体となっているか。反乱分子になっていないか。独りぼっちにさせていないか。……こんなことに気を配っています

これを逆に言うと、こうなります。非協調的な言動をしていないか。社内のモチベーションを下げていないか。否定論者になっていないか……。

何かを打ち合わせするときに「できない理由」を羅列する人、というのはいるものです。

このような人は一見理論派で、仕事ができる人のように見えます。しかしながら「できない理由」ばかりを羅列していると、会社から前に進むエネルギーが失われていくのです。

そして「責任転嫁型」も困ります。

営業がうまくいかない理由を「今日雨が降っていたから」と雨のせいにする。

駆除がうまくいかない理由を「薬が効かないから」と薬のせいにする。

「○○さんがこうだからうまくいかなかった」と、他人のせいにしてしまう。

こんな人は自分の行動を改善することは、絶対にできません。向上心が存在しません。技術力がつきません。

このような「否定論者」「責任転嫁型」は困った存在ですが、「仲間意識」を大切にするわが社からは自然と離れていきます。

また、5Sという言葉があります。これは「整理」「整頓」「清潔」「清掃」「しつけ」のことです。これはとても重要です。

日本の工業製品は世界一と言われていますが、どうして世界一になることができたのでしょうか。それは、日本の優れた工場に行けば、すぐに分かります。見事に5Sが徹底されているのです。

「整理」とは、必要なものと必要でないものを分けること。

「整頓」とは、必要なものをちゃんと分かりやすく並べること。

「清潔」とは、みるからにきれいにすること。機械を清潔にすることで、機械の不具合の理由が分かります。

「清掃」もそう、別にほうきを持って、ほこりを取り払うことだけではありません。例えば、機械の油汚れをとる。これによって、不具合を見つけることができます。

これらの４つを、従業員がちゃんと行うことができる意識づけが「しつけ」です。最近では、５Sに「環境整備」の考え方が加わるようになりました。

５Sは飲食業にとっても重要です。QSCと同様に大切にしましょう。

個人面談は重要なコミュニケーション

賞与額を決める評価を確認するために、社員と面談を行います。担当するのは私と常務と部長です。一人あたり1時間から1時間30分をかけて行います。

ここで話題となるのは、賞与の評価基準についてです。こちら側からの評価の理由を説明します。「君はA『技術レベル』の項目で、これこれしかじかですから○点ですよ」という具合。

B「作業レベル」については数字がすぐに出てきますので「君は○点ですよ」。

Ｃについては、Ｃ1の「売上数字」は数字で出ます。Ｃ2「営業意欲」について、例えば、「君は業界の会合に出ていた？」とか。「何かネタをつくってお客様のところへ数多く訪問していた？」といった具合に、直接「営業意欲」を聞いていきます。

ここで本当に気をつけなければいけないことは、人間が人間を評価しているということです。私は神様ではありません。また、社員を24時間見ているわけではないのです。そこで「公平な評価」ということを常に心掛けています。

ですから、個人面談では社員の「アピールタイム」をつくっています。社員に「この半年間でどんなことをしたのかアピールしてよ」と。

そこで「アピールなんもないの？　じゃあこれで行きます」とか。あるいは「君、技術レベルを『3』にしたけど、なにか意見ありますか？」といった感じです。ここで、社員にきちんと意見を言ってもらって、コミュニケーションを密接に図っています。

不満を持たれる評価制度を行なわない

個人面談のときに「アピールタイムがある」ということを社員はみな知っていますから、普段、作業をしているときに、絶対にそのネタを考えていると思います。「あ、この店舗の作業したことが、ものすごくいい結果となっているので、このことをアピールしよう」とか。

わが社の場合、社員に支給しているアイフォンで、同僚の誰がいまどこにいるのか分かるようになっていて、「あっ、○○君いま近くで作業をしている。これから応援にいったろ。このことをアピールしよう」とか。

私がサラリーマンをしていたときのことを第3章の最後の方に書きましたが、その会社は当時年齢給でした。

当時の社長が、社員の前で話していたことはこんなことです。

「年齢給は社員の半分の人が満足してくれる。しかし、半分の人は不満に思っている。これが能力給にすると7割の人が不満に思う。オレはもっと頑張っているやろ、と思う。平均より下だったら全員が不満に思う」と。

「でも、私はこれからの時代、能力給に移行する必要性を感じていると思うんやけど、能力給は本当に難しい」と。

そこで賞与の評価制度をつくるときに、こんなことを思い出しました。

「これからつくる賞与の評価について、半分以上の人が不満に思うのであれば、それを止めよう」と。

面談のときは、評価の裁定について、例えばこんな会話になります。

「君はプラス0・8だよ。だから通常賞与は3・8カ月になるから、通常賞与は64万円だよ。特別賞与は1・8カ月になるから41万円だよ。プラス、新規に75万円を取ってきたよね。だから7万5000円差し上げます。○○チェーンの74件に作業に行ったよね。だから7万4000円上げるよ。そこで賞与は120万円だよ」と。

本当にうちの会社は「手抜き」をしなければ待遇はめっちゃいいです。例えば、中堅どころの30歳の社員の場合。去年の夏は100万円。冬は150万円。普通に仕事をしていれば、ボーナスはこれくらいになります。

第5章

ポジティブになろう！

〜関わることの全てに誇り持つことが強くする

世界で一番長く続いている国

私は、中学、高校の当時に日本史の授業が大嫌いでした。理由は「〇〇年に何が起きた」といった具合に「暗記」だらけだったからです。

日本史の授業は、この事象の名称と、事象が起きた年の数字と、当事者の名前を覚えるための時間でした。私は「なぜ、そのようなことが起きたのか」ということを教えることのほうが重要ではないかと、子供でしたが漠然と考えていました。

大人になって、私は「自虐史観」ということを知りました。これは、何らかの歴史に関する記述が、日本の歴史の負の部分をことさら強調して、日本をおとしめていると批判する考え方です。日本悪玉史観とも言うそうです。

私はこんな考え方はさっさと止めて「日本はいい国だ」ということを、自信を持って主張していくべきではないかと思っています。

私は、政治評論家の竹田恒泰さんと知り合う機会がありました。最初に出会ったときの話題が強烈に記憶に残っているので、ここで書きます。

竹田さんは、私にこのように質問しました。

「いま世界には200くらいの国があります。これらの中で、一番昔から長く続いているのはどこの国でしょうか？」

このとき私は、中国か、エジプトとかひらめいて、竹田さんに答えました。しかし、竹田さんの答えはこのような内容でした。

中国は「易姓革命」といって、王朝が変わってきた。これは、中国古来の政治思想で、徳を備えた君主が、天命によって徳のない元の君主に変わって、新たに王朝を樹立するということを示している。

例えば、「元」はモンゴル族がつくった国。「清」は女真族がつくった国。今の「中華人民共和国」は漢民族がつくった国。そこで皇帝が違えば、支配していた文化も違う。いまの中華人民共和国は、できてまだ70年くらい、という。

エジプトの場合、ピラミッドをつくっていたエジプトと、いまのエジプトは全然違う国だという。

そこで、私は「では、昔から一番長く続いている国はどこですか？」と聞き返しました。

竹田さんは「日本ですよ」という。「日本とは、日本民族がつくった国で、天皇陛下はずっと続いている」と言いました。

会社に誇りが持てる環境をつくろう

竹田さんは「これは学校では教えない話」と言います。

それは、再び日本が自信を取り戻して強い国になっては困るから、とのこと。ここから自虐史観が生まれたようです。

そこで、ふと思い出しました。中学、高校の日本史の授業で「日本は中国や東南アジアにひどいことばかりをやってきた」ということを。こんなことを教えられて、私は大人になりました。このような発想のままでは「自分は世の中のためになる人間になろう」とか、思わないのですね。昔風の言い方をすれば「お国の役に立つ人間になろう」とは思わない。

これを会社にあてはめると、働く人たちが「自分が働いている会社に誇りを持てない」という現象が生まれます。「会社のために働こう」「仲間のために働こう」「お客様に喜んでいただくような仕事をしよう」とは思わないのではないでしょうか。国と会社とは一緒ですね。

そして、家庭も一緒だなと思います。自分の先祖が何であったかを知らない。自分の祖父がどんなことをしているのか知らない。こんなことでは、自分がどのようにして生まれて、どのように生きていくべきか、分からなくなりますね。

母親が息子に「あんたそんなことをしていたら、お父さんみたいになるで。ろくな人間になれへんで」と言い続けると、その子供は大概の確立で不良になるそうです。お父さんを尊敬できない男の子になるのです。

自分が生きていることの背景が、駄目な国、駄目な親だったら、いまの自分に対して自虐的になってしまいますね。だから、家庭と会社、国というのは一緒だなと思います。

これらの国と会社の在り方を、下部の図表にまとめました。

会社	国
創業の精神（創業者の設立の想い）	国の成り立ち（日本神話）
経営方針（会社の価値観・将来の方向）	憲法（国の形・将来の方向）
就業規則（社員の行動を律する）	法律（国民の行動を律する）
【伸びる会社】 ・自慢できる会社 ・仕事にやりがいを持つ ・仲間意識 ⇨ ・愛社精神 ・お客様のために仕事をする ・仲間を想って働く	【強い国】 ・誇りある歴史教育 ・日本に生まれたことに感謝 ・日本民族の誇り ⇨ ・自国を愛する（愛国心） ・国のために働く ・世の中の役に立つ人間になろうとする ・個人の権利より社会性重視
【衰退（倒産）する会社】 ・自分の会社を卑下する ・ネガティブ発言 ・人間関係の悪い会社 ⇨ ・会社が損しても自分のお金が増えるやり方 ・自分だけ楽をしよう ・仲間より自分が中心	【亡びる国】 ・自虐史観の教育 ・日本人として劣等感 ⇨ ・自分の国が嫌い（売国奴） ・今だけ自分だけお金だけ ・私利私欲に走る政治家
【だから】 創業の精神・経営方針が重要 ポジティブ思考 会社、仕事の愚痴を言わない	【だから】 国の成り立ち・本当の歴史教育が重要 日本国に合った自主憲法制定 反日報道を正す

わが社の「社是」「経営方針」「企業理念」

ここで、わが社の「社是」「経営方針」「企業理念」を紹介します。わが社では社員の一人ひとりにアイフォンを支給していて、これらの文言は、アイフォンの中に入っています。社員は、アイフォンでこれらを見ながら、自分のあるべき姿を確認します。

■社是

「**和敬喜心**」

「仲間の和を大切に、人を敬い、人の喜びを自分の喜びと思う。その想いを常に心に！」

わたしたちが最も大切にしているのは仲間です。仲間の得意とすることは見習い、不得手とすることは補う。仲間が苦戦していれば、進んで手助けする。

その結果としてお客様が喜んでくだされば、仲間とともに喜びと感謝を分かち合う。

わたしたちクリーンライフの仲間はいっしょに夢を追いかけます。

■経営方針

「**業界のオンリーワン！**」

クリーンライフは、Ｇ駆除の技術力において日本一を目指し、他社の追随を許さない唯一無二の存在、「業界のオンリーワン」になります。
わたしたちは完全駆除を達成することで、お客様の満足を創出し、自身への感動へとつなげていきます。
それが「人の役に立つ仕事」「世のためになる仕事」となり、仕事のやりがいにつながります。
クリーンライフは価格ではなく技術力で選ばれる、そんなプロ集団です。

■企業理念

クリーンライフの強みとは……

「作業の結果が最大の武器である！」

日々、技術力を高め、プロとしての誇りと責任感を持って、目の前の仕事に取り組めば、おのずとお客様の信頼を得、引き続きのご契約をいただくことができるでしょう。
一度増えた年輪は減ることがなく、毎年確実に増えて大木となります。クリーンライフは、そんな年輪経営を目指します。
技術力日本一、業界のオンリーワンへ。

クリーンライフが目指す企業とは……

「一人ひとりが充実した人生を送る」

Gを完全に駆除することは、お客様の喜びを生みます。お客様の喜びは社員一人ひとりの仕事へのやりがいへとつながります。そして、「人の役に立つ仕事」「世のためになる仕事」と実感することにより、社会の中での存在意義を得ることができます。

クリーンライフは、社員一人ひとりが充実感に満ちた人生を送ることができるような企業を目指します!!

クリーンライフが実現したい未来とは……

「〝食〟を扱うあらゆる施設からGを撲滅」

クリーンライフの技術力を日本中に広めることにより、Gの完全駆除を全国に展開していきます。そして、外食、医療福祉、食品工場、宿泊施設など、日本中の食を扱うあらゆる施設からGを撲滅します。

わが社の仕事はお客様に喜んでいただくこと

わが社の仕事はG駆除がメインです。しかしながら、お客様である飲食店に行って、何も考えないで薬を塗る――そんなことじゃないんですよ、わが社の仕事は。

わが社の仕事はお客様に喜んでいただくために行っているのです。「お客様のところに行って薬を塗る」ということではなく、Ｇを完全に駆除して、お客様に喜んでいただくことが目的です。

お客様が喜んでくださることを思い描きながら、仕事をしています。そのゴールは「日本一のＧ駆除技術の会社になる」ということです。「駆除技術日本一」「オンリーワンの会社」――「ここに到達するためにはどうすればいいのか」ということを常に考えているのです。

そのためには「働いている会社に誇りを持つこと」「みんなで頑張ろう、という仲間意識を持つこと」「自分が取り組んでいる仕事に対してやりがいを持つこと」――この３つが整わないと、モチベーションは絶対に上がりません。モチベーションが上がらないと業界の頂点に立つことはできません。

些細なことのように思われるかもしれませんが、私たちは飲食店の中の隙間という隙間に懐中電灯をあてて、その中を見ていくのです。冷蔵庫だったら、天板を外して見ていく必要があります。このような細かい作業の一つ一つを積み重ねていくのです。先ほど掲げた３つがそろわないと、このようなモチベーションにはつながらないのです。

このようなことに確信を持ったのは、竹田さんとの出会いが発端になっています。

「祭日」とは神様に感謝する日

私たちは学校で「国の成り立ち」のことを習っているでしょうか。それは習っていないですね。日本の神話を、ちゃんと話すことができますか。ほとんどの人は話すことはできないでしょう。昔は月曜日から日曜日までのほかに「祭日」がありました。祭日は仕事が休みでした。休みだから旅行に行こう、という日ではありません。祭日は「祭りの日」と書いて、神社で神様に奉納する日です。

第二次世界大戦で、日本の国は徹底的に破壊されました。しかし、日本人の精神は破壊されませんでした。それは「竹槍でも最後まで戦うぞ」という精神があったからです。日本人とは個人の権利を主張する人々ではない、社会性を重視する国民です。会話をするときも相手の意見を尊重して、自分の意見を述べます。最初から最後まで一貫して自分の意見だけを言うことをしません。

建国記念日は2月11日です。では、なぜ2月11日なのでしょうか。

それは、初代天皇の神武天皇の即位日で、旧暦である紀元前660年1月1日にあたり、明治に入って新暦に換算した日付が2月11日で、そこで建国記念日になっているのです。

11月23日はいま勤労感謝の日ですが、昔の祭日では「新嘗祭」(にいなめさい)でした。稲を刈って米になることを感謝した日です。

祭日がなくなり、それが祝日となったいまは、休日をつなげて３連休とかになって「どこに遊びに行こうか」となりますが、本来の祭日は意味が違います。祭りごとをして神様に感謝する日なのです。

日本人の素晴らしい道徳心を大切に

私は、竹田恒泰さんの一言で目が覚めて、いま歴史が大好きです。いま私が勉強している日本の歴史は、中学高校で教えられたストーリーとは全く違います。日本という国は世界一素晴らしい国です。日本人は素晴らしい国民だと思っています。

まず、日本人は道徳心が優れています。

「悪いことをしたらお天道様が見ている」

この考え方はいまも根付いています。財布が道端で落ちていたら、交番に届けますよね。

このような意識が薄れているとすれば、日本人は日本という国を愛することを忘れているのでしょう。日本のことを誇りに思えないような教育が施されているのではないでしょうか。

では、どのようなことが日本の歴史の真実なのか。このことは、私が日本の歴史が大好きになったと同じように、みなさんも日本の歴史のことを勉強して確認してください。

日本の国民が「お国の役に立とう」「お国のために働きたい」という思いが薄くなると、日本は強い国にはならないことでしょう。

『World Values Suevey』という国際プロジェクトがあります。日本語訳では『世界価値観調査』となりますが、世界の異なる国の人々の社会文化的、道徳的、宗教的、政治的価値観を調査するため、社会科学者によって行われています。

このプロジェクトの中で2017年から2020年にかけて、世界79カ国各国の18歳以上男女1000〜2000サンプル程度の意識調査を行いました（2021年1月発表）。

テーマは「もし戦争が起こったら国のために戦うか」。

これに対して「はい」と答えた日本人は13・2%と最低の1位。2位のリトアニアは32・8%、3位はスペインで33・5%となっていて、日本は断トツに低い。ちなみに79カ国中で「はい」が最も多かったのはベトナムで96・4%、その次はヨルダンで93・8%でした。

これはあくまでも私の見解ですが、このような日本人の国防意識の低さは、自虐史観を植え付けられた結果ではないでしょうか。

このままでは、日本人の価値観は「いまだけ」「自分だけ」「お金だけ」ということになりかねないですね。こうなると国は滅びます。これを会社にあてはめると、詐欺商法していても、全く罪悪感を持たない会社になってしまいます。そのような会社は潰れてしまいます。

わが社の場合は「完全駆除」という目標があります。お客様のためにお役に立つ仕事をしよう。仲間のために働こう。だから、会社の業績が伸びるのです。

「ポジティブ」と「ネガティブ」

「反日する日本人」が存在します。これを会社になぞらえると「反会社する社員」が存在します。このような人たちに共通するものがある、ということを私はある日気付きました。

「反日」の人は政治家の悪口を言います。特に政権与党の悪口を言います。いまの国が良くないと思っているわけですから。日本人なのに日本人の悪口を言います。

さらに、自分たちの先祖の悪口を言います。お上の悪口を言います。行政の悪口を言います。お役所には頑張って働いている人たちが、たくさんいるのにもかかわらず。

「反会社」の従業員は社長、経営者、経営方針に対して悪口を言います。

このような人の考え方の原点は「性善説」の全く反対の「性悪説」です。つまり「みんな悪いことをしたくて、そんなことをしているんだろ」ということです。

自虐史観から解き放たれると、そんな人は決して「反日」にはなりません。では、それと同じような「反会社」の人を、どのようにして「性善説」に持っていくか、ということが問題です。つまり、ネガティブを反対の「ポジティブ」に変えさせないといけない。

松下幸之助さんが現役のときの話。社員を採用するときの最終面接で、幸之助さんが質問することはただ一つ、「あなたは、これまで生きてきた22年間で、自分の人生は幸せだったと思いますか。不幸だったと思いますか」――この質問しかしない。

その理由はこうです。

「『不幸だった』という人はネガティブな人です。これまで悪い面しか見てきていない、ということの現れ」

「ポジティブな人は『幸せだった』と答えて、これまで良い面しか見てきていない、ということの現れ」

こんな具合に、モノに対する考え方の積み重ねが、それぞれの言動に現れるのだそうです。

そこで幸之助さんは「不幸せだった」「運がなかった」という人は、どれだけ学科試験が良くても落としたそうです。

ネガティブな人を従業員にしてしまうと「反会社」の人になってしまうのですよ。社長や経営者、経営方針の悪口を言い続けて、会社を暗い世界に変えていきます。

私が起業したのは「ポジティブ」の現れ

私が35歳になったとき、前職のフジコピアンを辞める決心をした経緯は、第1章の中で書きました。それは「自分の人生を真剣に考えてみよう」と思い立ったことが始まりです。それまでは「今度の土日は何して遊ぼうか」という日常で、そこから脱却しなければならない、と考えるようになったのですね。

そこで、たくさんのビジネス本を読み漁って「G駆除業者」の世界を知りました。これが、この仕事を始めるきっかけとなります。

いま、この当時のことを振り返ると、私が起業して商売を始めることになる間接的な出来事が積み重なっていたことを自覚しています。

私が勤めていたフジコピアンの大阪営業には1課と2課がありました。

そのとき、私は1課に所属していました。

それぞれに課長がいますが、私は2課の課長のことが大好きでした。とても朗らかで、男気があり、部下のことを気遣っている人でした。

私は、2課に在籍していたら会社を辞めていなかった、と思っています。

それは1課の課長は、私がどのような営業活動をしているか、またインクリボンのインクがどのような仕組みで紙に転写されるのか理解していない人で、上司として尊敬できませんでした、そこで私は、私の心の中でいつも1課の課長と衝突していました。これは、考え方の問題ですが、これが私が会社を辞めた間接的な要因だと思っています。

いま、クリーンライフの会社が軌道に乗っている中で、サラリーマン当時の会社を辞めたタイミングを振り返ってこのように考えています。

「私は、1課の課長の下にいたから、会社を辞める決心がついたんだな〜」と。

これも「ポジティブ」に捉えることによって、私が起業したことに対して正しく向き合えることが出来ています。

第6章

ご先祖調べと父のこと

～長崎壱岐島の一族がつないだ物語

ご先祖調べで見えてきた大野家の秘密

私は壱岐の島（長崎県壱岐市）にご先祖を持つ大野家の12代目です。屋号を志賀屋《しかや》といいます。このようにはっきりと言えるのは、私自身でご先祖調べをして大野家の家系図をつくったからです。初代当主は「善治兵衛」と言って、大野家の当主は代々善治兵衛を名乗っていました。2代目善治兵衛がなくなったのは享保10年（1726年）であることも分かりました。

私は子供の頃から「大野家はすごかったんだよ」と聞かされて育ちました。父、叔父、叔母、そして親戚のさまざまな人たちがそのように言います。しかし、父は壱岐にいたのは小学生まででだったので、そこから先の具体的な話をすることが出来ませんでした。

１６００年代後半から続く先祖代々の屋敷は、昭和28年（１９５３年）に全焼してしまいました。そこで、夏休みに壱岐に帰っても家がないので親戚の家に泊まらせてもらっていましたが、私が30歳のとき、父が「壱岐に家が無かったら帰らなくなるやろ」と言って、親戚の家の裏手に新しく家を建てました。それからは、私は毎年お盆休みには壱岐に帰ってマリンスポーツに興じていました。

親戚の家の裏手に新しく家を建てたのは、普段の留守宅を見てもらうためです。

私は36歳で起業して、壱岐でも注文を取って仕事をしたので、毎月のように壱岐に行くことができるようになりました。父が建てた家を改造して、いまそこを大人の秘密基地にして、ジープとボートとジェットスキーを置き、釣りにマリンスポーツ、クルージングを楽しんでいます。では、私がご先祖調べをしようと思うことになったきっかけから、私の先祖がどのような人間だったのか、そして父のことを書きます。

偉人「松永安左エ門」を支える

私のご先祖は、壱岐の南側にある印通寺（いんどうじ）という港町にお屋敷を構えていました。この同じ印通寺の出身で、松永安左エ門という偉人がいます。明治から昭和にかけて電力事業を始めとしたインフラを興した人です。

日本が発展するためには、まず港をつくらないといけない。そして、港と港をつなぐ道路をつくらないといけない。電力を安定させないといけない。このように日本のインフラをつくることに尽力をした人です。

この人が生まれ育った家が、いま印通寺で記念館（松永安左エ門記念館）になっています。

私は4年前にそこを訪ねたのですが、その当時の館長さんに自分のことを話していたら、

「おしゃ、志賀屋《しかや》ん子か！」

「おしゃん家が資金援助しちょったけん、安左エ門翁はこげなことができたんばい」

「おしゃん家がなかったら、日本の発展は数十年遅れちょったかもしれん」

これを、標準語に直すとこうなります。

「あなたは、志賀屋さんの子孫ですか。あなたのご先祖が資金援助をしてくれたおかげで、安左エ門さんはこのようなことが出来たのです。あなたのご先祖がいなかったら、日本の発展は数十年遅れていたかもしれない」

では、私のご先祖は、どのようなことをしていたのか調べてみよう、ということがきっかけでした。

菜種油製造、造り酒屋、廻船問屋を営む

大野家の跡取りはみな元々幼名がありますが、跡取りになると「善治兵衛」を名乗りました。そして、当主が「そろそろ隠居したい」となったら「善治兵衛」の名前を委譲します。その

人が隠居すると「宗嘉」「宗興」「宗賢」といった名前に変わります。

このように、大野家の跡取りは人生の中で名前を３つ名乗っていました。幼名と、当主になった名前、隠居の名前です。

そこで、大野家の家系図には「善治兵衛宗嘉」とか「善治兵衛宗興」などと書きました。

大野家の先祖代々の仕事は、広大な田畑を持っていて、菜種を栽培して、菜種油をつくっていました。小作の人をたくさん雇って、造り酒屋も営んでいました。

そこで廻船問屋も営んでいました。この船は一般的に一本マストですが、大野家の船は二本マストの千石船だったそうです。これに自分のところでつくった菜種油や壱岐の名産品を積んで、大坂の堺に運んでいたそうです。

海運業とは、運び賃をいただくものですが、当時の廻船問屋は、商品を仕入れて、それを運んで売る、という仕事をしていました。その差額が利益となります。

壱岐には、北前船の基地もありました。

１５５０年ごろ松浦家（まつらけ）が平戸の殿様になり、平戸藩主松浦家となり、ここが壱岐と対馬を統治します。そこで、壱岐の土地の持ち主を調べました。

平戸藩主松浦家の領地は、いまの五島列島から佐世保、唐津あたり、そして壱岐と対馬です。福岡はそれに含まれていません。北部九州ということでは同じ地形にあります。

さて、平戸藩主松浦家の港である唐津、呼子、平戸、というのはすべて北に向いています。

そこで北風が多く吹く。昔は帆掛け船ですから、強い北風が吹いているときは港から出ることができません。逆風ということですね。いまのヨットは風上に対して45度で上ることができますが、このころの帆掛け船はできません。

大野家「志賀屋」は良港にいて資産をつくる

壱岐は丸い島ですが、印通寺という港は南を向いていて、北風が吹くと、そのますーっと沖に出ることが出来る。帆を45度に傾けると、そのますこーん、すこーんと東西に行くことが出来るのです。

そこで、日本海では下関から、新潟あたりまで。関門海峡を通って、広島とか、大坂とかに行く。西に進めば、長崎とかにすこーんと行くことができる。完璧な港です。

また、昔は浚渫（しゅんせつ）する技術がありません。自然に深い地形の所でないと港をつくることが出来ません。いまは浚渫の技術があるので、浅瀬の海でも浚渫をして岸壁をつくれば船を停めることが出来ます。

印通寺の港の場合は、自然にどーんと深くなっているのです。

さて、港には防波堤が必要です。港があけっぴろげになっていると、大きな波が来たら湾の中に停泊している船が全部やられてしまいます。

しかし、印通寺の港の前には妻ヶ島という大きな島があって、これが防波堤の役をしているのです。こうして、印通寺は素晴らしい自然の港として昔から大いに隆盛してきました。

ここの港で、大野家は一、二を争う廻船問屋をしていました。多分、平戸藩主松浦家の中では一番栄えた港だったのではないでしょうか。これは私の説に過ぎませんが、現地をまわっていろいろと調べてみて、このように確信しています。

印通寺に志賀山という山があります。この上の「志賀大明神」という祠(ほこら)がありました。志賀屋という屋号は、ここが由来ではないかと考えています。

「おおの はじめ」から「おおの そう」に改名

私の曾祖父は、善治兵衛宗賢で文久元年（1861年）生まれ、祖父は彦二郎で明治22年（1889年）生まれです。明治に入ると名前を変えることができないので、先祖のように当主の名前を名乗ることが出来ません。ですから「彦二郎」のままです。この名前から分かるように、祖父は次男坊でした。長男は宗一という名前ですが、1歳で亡くなり、次男坊が当主となりました。

ご先祖調べをしているときに、私の名前「宗」の由来が分かりました。それは、大野家で当主を示す名前だったのです。この文字には「物事の源」という意味があるそうです。「はじめ」ということで、わたしは小さいころ「宗」という字で「はじめ」と名乗っていました。

日本の住民票や戸籍謄本は、名前を文字で登録しています。名前の読み方は書いていません。そこで、私の名前は「おおの　はじめ」と言いました。いま壱岐にいる親戚や幼少期からの知り合いは、私のことを「はじめちゃん」と呼びます。そして私は、30歳あたりまで「はじめ」でした。

ところで、日本の公的文書の中で文字ではなく読み方で登録しているものがあります。それはパスポートです。ここには名前をローマ字で書いています。そこでパスポートの名前を変えると、私の名前の読み方を変えることが出来ることが分かりました。

20歳を超えてから、銀行の通帳は「オオノ　ソウ」でつくっていました。クレジットカードも「SOH OHNO」です。今日「宗」という文字は「はじめ」とは読めません。

そこで私は、これらの名前の登録や、ビジネス上の読み方も「オオノ　ソウ」で通しているということを法務局に提出しました。そこでパスポートの名前を「OHNO　SOH」という名前に変えてもらいました。

祖父、女中さんと東京に出て中学に通う

さて、私の祖父、彦二郎の話です。彦二郎は大変よく勉強ができたのですが、お坊ちゃん育ちで仕事をしない人でした。明治の時代にシルクのパンツをはいていたそうです。

大野家は祖父の代で破産しました。菜種油をつくるのも造り酒屋も廃業しました。船は対馬沖で沈み、家や蔵も燃えて無くなりました。土地もどんどん切り売りして無くなってしまいました。とは言え、彦二郎はいろいろな事業を手掛けようと試みていたようです。

火事を出してしまったのは「養鶏」をやろうとしたことが背景にあるという。このとき、堀こたつの中でひよこを飼っていて、掘りごたつの中でひよこに火がうつり、それで家が燃えてしまったとのこと。

そのとき彦二郎は、近所で囲碁を打っていて、女中さんが走ってやってきて「家が燃えちょるよ！」と訴えたという。そのとき彦二郎は「おお燃えちょるか～」「燃えちょる、燃えちょる」と言いながら囲碁を続けていたそうです。

彦二郎の中学は東京です。明治の時代に、壱岐から東京の中学に進学するというのはとんでもないことです。

まず、壱岐から大阪に行くのが大変です。当時はまだ鉄道はありませんから。でも、彦二郎の家には船があり、大阪の堺と取引をしていましたから、壱岐から大阪まで女中さんと一緒に船で行ったそうです。大阪から東京までは女中さんと一緒に汽車（東海道線）で行きました。

同じ印通寺で親戚筋に当たる斎藤家という家があります。私の曾祖父の弟がこの斎藤家に養子に入り、朝鮮にわたってバス・タクシー事業を起こし朝鮮の自動車王と呼ばれていました。のちの朝鉄（朝鮮鉄道）の社長になった人物です。彦二郎にとっては、養子に行っていますが叔父にあたります。その彦二郎の叔父の家が東京にありました。そこの家に女中さんと一緒に住んで、そこから中学に通ったそうです。

祖父がやらかしたぼんぼんの品行

彦二郎は東京の中学を卒業してから、当時、日本にナンバースクールとして8校設立された高等学校の一つ、第五高と呼ばれた肥後（熊本）の高等学校に進みました。明治20年（1887年）に設立されて、正式名称を第五高等学校と言います。

ちなみに、これらの高等学校の出身者はみな政治家志向、中央官僚志向が強く、総理大臣や政治家、多くの官僚を輩出したそうです。

この特別な８つのナンバースクールを卒業すると普通は東京帝国大学に進むものですが、ここで彦二郎は芸者遊びを覚えてしまいます。そこで子供が出来てしまった。この子供は、壱岐の印通寺の隣町の知人宅に養子に出したそうです。

そんな彦二郎は、素行が悪いということで東京帝国大学に進むことが出来ずに、大学は早稲田に行きました。

あの当時、壱岐から東京の私学に行くというのは普通はできません。

私の曾祖父、善治兵衛宗賢は、このような彦二郎の性格を幼少の頃から見抜いていて、「こいつに大野家を継がせると大野家は無くなってしまうのでは」と案じて、男の子をつくろうと考えて、たくさん子供をつくりました。しかし、その後生まれるのは女の子ばかり。

そこで仕方なく彦二郎に相続をしたのですが、自分の妹に養子をとらせました。名前は茂一。

この大野茂一（のちに田中茂一）は大層良くできる人で、松永安左エ門よりも年上ですが、松永の右腕として活躍して、松永がつくった会社をいくつか任されていました。後に、壱岐に帰ってきて、印通寺にある石田村（当時、長崎県壱岐郡石田村）の村長も勤めました。また、壱岐の印通寺と佐賀県の呼子（唐津市）を結ぶフェリーを開通させました。

松永安左エ門の厳格な生きざま

ちなみに、彦二郎の14歳年上で印通寺出身の松永安左エ門は、福沢諭吉に憧れて慶應義塾に進みます。松永安左エ門の自伝『玄海の波に洗われて』という本に善治兵衛宗賢、その弟で斎藤家に養子に行き朝鮮の自動車王と呼ばれた斎藤豊治、さらにその弟の大野利助のことが詳しく書かれています

利助は松永安左エ門曰く、壱岐で一番の人物だったとのこと。「頭は少し鋭利過ぎた感があったが、度胸があり、算数に明るく、弁舌が立つ。愛嬌の良い好青年だった。」――この利助、山内家（屋号は飴屋）に養子に行き、兄の豊治に見習って壱岐で玄海交通という会社を興しました。今も玄海交通は壱岐島内の重要な足として観光バス、タクシーを運営しています。

記念館では、松永安左エ門が福沢諭吉の元で学んだ、ということが記されています。戦後はマッカーサーともやりあった一本筋が通っていた人です。

松永安左エ門の記念館に安左エ門の遺書が展示されています。

「一つ、死後の計らいの事、何度も申し置く通り、死後一切の葬儀、法要はうずくの出るほどに嫌いに是あり。墓碑一切、法要一切が不要。線香類も嫌い。死んで勲章位階（もとより誰も

くれまいが、友人の政治家が勘違いで尽力する不心得かたく禁物）これはヘドが出るほど嫌いに候。財産はセガレ及び遺族に一切くれてはいかぬ。彼らがダラクするだけです」

私は定期的に記念館を訪れ、松永安左エ門の生きざまを見直しています。

松永安左エ門は行動の基準の全てが「日本のため」です。日本が発展するには何をどうすればいいのか、その視点で常に見て動いていた偉人です。決して私利私欲ではなく名誉のために動いていたわけでもありません。私の社長仲間が壱岐に何人か来てくれていますが、彼らが来島すると必ずこの記念館に連れて行くようにしています。

父、豊が大阪で住み込み、九州帝国大学に進む

私の父、豊は大正14年（１９２５年）生まれです。小学校を卒業するときにイギリスの中学校に行かせるという話があったそうです。しかし、そのころの大野家はすっかり落ちぶれてしまっていて、イギリスに行かせるお金なんてないと。

そこで、大阪にいる同じ壱岐の印通寺出身の親戚のうちの一つである山内家に住み込み、丁

稚奉公のようなことをしながら大阪の旧制中学に通いました。

父が住み込みをしていた山内家の当時の主人は山内新一という人で、アメリカでコークスの勉強をして大阪に根を下ろしました。運送業、倉庫業で財を成した人物です。当時、三井、住友に並ぶと言われた家で、いまの大阪市住吉区に大きなお屋敷を構えていました。

いまも大阪市住吉区に山之内町という地名がありますが、それはこの山内家の家があったことがその由来です。嫁のアイは、彦二郎の妹で、11歳のときに嫁入りしたそうです。

父は、大阪のあと九州帝国大学の工学部に進みました。ちょうど大東亜戦争の真最中です。父は帝国大学の理系の学生ということで徴兵は免れ、戦地に行かずに長崎の三菱の軍事工場で魚雷の開発をしていました。

父の被爆経験でもたらされたもの

このとき原爆に被爆しました。昭和20年（1945年）の8月9日の朝11時2分、父は工場の外にある廊下を歩いていて柱の陰にさしかかったときにピカッと光ったそうです。

爆心地から1・2㎞。柱の陰ですから、光は直接浴びていません。しかし、その次にものすごい爆風が来て、気を失いました。気が付いたら、全身にガラス片が刺さっていて、周りにいた人は全員死んでいたそうです。

その後、友人を捜しに長崎市内を歩き回って、放射能に被爆したそうです。髪の毛は全部抜けてしまい。体重が30kg台に落ちてしまいました。

「このままだったら死んでしまう。なんとか壱岐に帰ろう」と。

佐世保まで行くと、壱岐の漁船が来ていることを分かっていたので、長崎から佐世保まで歩いたそうです。

そこで佐世保で漁船を見つけ、「私は印通寺の志賀屋の子供です。壱岐に連れて行ってください」とお願いしました。

壱岐に帰った父はここで静養するのですが、父の話では「毎日アワビのハラワタを食べていたら元気になった」と言っていました。「ほんまかいな」という話です。

こうして、父は20歳のときに終戦を迎えました。

この当時の経験が、父の人格を形成したようです。「長崎市の三菱工場で魚雷の開発をしていた」としか私には話してくれませんでしたが、魚雷の開発となると人間魚雷「回天」も開発していたのではないかと思います。

国や家族を守るためとは言え、「九死に一生」ではなく、「十死に零生」の特攻兵器のような作戦は絶対にやってはいけない！　特攻兵器に搭乗する搭乗員だけでなく、その兵器を開発した開発者も心に病を負ってしまいます。

そのせいだと思いますが、父は戦後占領軍が行った日本人洗脳作戦であるＷＧＩＰ（ウォー・ギルト・インフォメーション・プログラム）にまんまとハメられ反日思想家になっていました。日本という国が大嫌いで、君が代も嫌い、天皇陛下も嫌い、新聞は朝日新聞、テレビはＮＨＫだけ。選挙に行ったら共産党、という人です。

父が壱岐での闇商売から大阪へ転身

終戦後は戦後のドタバタの中で、壱岐と博多の間で闇商売をしていました。警察が検査に来たときは、船からロープで商品を海中に垂らし逃れていたようです。

こんなことで、警察が一度印通寺の家にやって来ました。父の親父の彦二郎はビビッていたそうですが、父の豊はどーんと構えていたといいます。また、海水を炊いて塩をつくっていました。

印通寺湾に小島という小さな島が浮いています。この島は島全体が神社の神領とされていて、そこの木を切ると火事になると言い伝えられていました。

しかし、父はそんなことを気にせずに、ここの木をばんばん切って、海水を炊くために燃やしていたそうです。だから、印通寺の実家が燃えてしまったのではないか、と言われています。

昭和28年（１９５３年）のことです。

その後、父は大阪にやってきてテレタイプ（印刷通信機）の会社に入ります。ここでテレタイプの技術を習得して、１年足らずで会社を辞めました。そこで、自分でテレタイプの修理販売をする会社を興しました。

テレタイプとは、タイプライターにダイヤル式の電話が付いていて、さらにカードリーダーが付いています。このカードとは磁気テープではなく、幅３㎝くらいの白い紙テープで穴が開いています。穴が開いているか、開いていないか、つまり二進法で記録する記録媒体です。日本と同じテレタイプがイギリスにあるとすると、日本で打つとイギリスで文字が印刷されるのです。

これは、ファックスが登場する前の通信機器ですね。つまり、父は当時の最先端のものを扱っていました。当時１台何百万円もしていたのではないでしょうか。すごい機械でした。

父の会社には最盛期に社員が50人いました。社屋は大阪・天満にあって自社ビルでした。

団地住まいをしていた子供時代の思い出

私が子供のころ、父の会社はめっちゃ景気が良かったですよ。

朝起きたら、枕元にとんでもないおもちゃが置かれていました。家の中で乗って遊ぶクルマですが、充電してそれで動くのです。現代であれば、電気で動く子供用のクルマはあってもおかしくないですが、昭和40年頃に充電して動く子供用のクルマはおそらくとんでもなく高価なおもちゃだったと思います。

また、レゴブロックが置いてあったり。レゴはデンマークのおもちゃです。当時1ドル360円の時代に、とても高価なものだったと思います。

私の当時の写真があります。ものすごいお坊ちゃんの恰好をしています。白いタイツでチェック柄の小さな半ズボンをはいています。ベレー帽をかぶって、緑の三輪車に乗っています。

父は、一時期ものすごく儲かっていたようですが、賭け事も大好きでした。

母がよくぼやいていました。父はたびたび突然家に帰ってこなくなると。そして、何日も家を空ける。しばらくすると、警察がやってくる。警察の話では、賭博でつかまって留置所に入っているという。

私の姉が5歳、私が1歳で、母は私をおんぶして、姉の手を引いて、父を警察に迎えに行ったそうです。私が6カ月のとき、第二室戸台風（1961年9月）があったときも家に居なかったそうです。このとき大阪は浸水して、膝のあたりまで水があったようです。

私が小さいときに住んだ家は団地でした。5階建ての普通の団地でしたが、当時としては時代の先端を行く住宅です。

それまでの日本の家庭には、ちゃぶ台があって、そこでご飯を食べていました。それが、団地は西洋式で、台所にダイニングテーブルがあって、そこで椅子に座って食事をします。トイレも様式です。

最初に住んだのは、大阪市西淀川区の出来島団地です。出来島という街は、西淀川工業団地の中にありました。当時、公害病で、川崎病、四日市ぜんそくというのがありましたが、ここも公害が大変だったようです。日中晴れていても、窓を開けることができない。窓を開けると煤煙が入ってきて、家の中がめちゃくちゃになる。母の話では、窓を開けなくても毎日畳を2回拭いていたそうです。洗濯物を外に干すことが出来ません。そこで、家の中に干していました。

こんなところで生活をしていたら、子供たちは不健康になると。そこで、兵庫県西宮市の浜甲子園団地に引っ越しました。

面倒見がよくて豪快な叔父さんのこと

私の父と父の弟の敬二はとても仲がよかった。敬二も親戚の面倒見がいい、豪快な叔父さんでした。

父が壱岐で闇商売や塩をつくっていた当時のこと。敬二が大学受験をしたときに、父が替え玉受験をしたそうです。

こうして、敬二は福岡大学に通うのですが、当時実家は落ちぶれてしまっていて、お金がないので、父が闇でつくったお金を送っていました。

叔父は大学に入ってすぐ、博多で反物の露天商を始めました。これが大層儲かったことから、大学を辞めて、それ以来商売一本で生きていきます。

叔父は、私の父を頼ってきて、新婚当時の父と母の二部屋しかないアパートに同居したそうです。そんなことで母が思い出話でぼやいていました。

「なんで私たち新婚の家で、あんたの弟と同居せなあかんの」と。

西淀川の出來島団地から兵庫の浜甲子園団地に引っ越したときも、叔父はここの近くの尼崎（兵庫県尼崎市）に移ってきました。

その後、叔父は靴下の露天商を始めました。

靴下というものは、右左がそろっていないと商品になりませんね。ところが、製造不良とかで片方だけの在庫というものが工場の中にたくさんあるのです。

叔父はそれを二束三文で仕入れてくる。いろんな種類の靴下をたくさんの大きな紙袋に入れてぼわっと持ってくるのです。

叔父は六畳一間のアパートに住んでいましたが、その紙袋の中の靴下を部屋中にばらまきます。

私が、6歳7歳のときに、この叔父の部屋に連れていかれ「この中から二つ揃っている靴下を捜せー」と私に言います。私は夢中になって探して「あっ、こっちにも、こっちにも傘のマークがついているよ」と、叔父に差し出します。

叔父は「二つそろったら、クリップで止めろ」と。

こうして、超高級靴下が出来上がります。

この靴下をあちらこちらの露店で売ります。ただ同然で仕入れた高級ブランドの靴下を市場価格よりちょっと安い価格で売るのです。

敬二は親戚の誰かがお金がないと知ったら「オレがこの商売を教えたる」と言っていました。これで大学に通う資金をつくった親戚もいます。

敬二の弟に善三郎というのがいます。この人は壱岐高校を主席で卒業するほどものすごく勉強ができたのですが、家が落ちぶれてお金がないので高校を卒業してから丁稚奉公に行きます。その後、財を成していきました。

レンタルマットの事業を興し、自動車のシートをつくる会社も経営していました。お金儲けが上手でしたが、金遣いも荒い。

昭和40年くらいの当時、神奈川の葉山マリーナにモーターボートを置いていました。ここで善三郎は有名人で、芸能人の知り合いもたくさんいました。

父も、父の兄弟も、なんとなく似たように起伏の激しい人生を歩んでいます。

父はワンマンだが社員から好かれていた

父は１９８５年に会社を手放しました。

その理由は、会社の業績が尻すぼみになっていったこともありますが、私と父の反りが全く合わなかったことも大きかったと思います。私が子供のころから、父がよぼよぼになる直前まで、私と父との心が交うことはありませんでした。

私は大学生のときに「オレは親父の会社を絶対に継がない」と言い切っていました。私の想いは「どうせ継いだとして、親父の子分になるだけ」ということ。

そんなふうに私から言われて、父は本当にがっかりしていたと思います。

父にとって、子供は奴隷でした。

「おい、お前、カネほしいんとちゃうか？　ほしかったらこれやれ！」

私はそんなふうに言われるのが大嫌いでした。

子供部屋でちょっとだけでも電気をつけっぱなしにしていると「お前ら、誰が電気代を払っていると思ってるんだ」と怒鳴り散らす。「働いて金出せ」とか。とにかく口汚い。

私が算数で95点を取ってきて、それを父に見せると「オレは１００点取ってた」と返してくる、みたいな。

また父は、私が子供のころから、私にこんなことを言っていました。

「お前には中小企業の社長は無理や。お前はサラリーマンになれ」と。

父の会社経営のスタイルは、絵に描いたようなワンマン社長です。

でも、父は社員からは慕われていました。正月になると、社員はみな家に遊びに来たものです。社員がやってくると、私にこんなことを言います。

「はじめちゃん、こっちおいで。おいちょかぶ教えてあげる」

「その前にお年玉上げる。そのお年玉をここで賭けよ」とか。

そして、千里ニュータウンの土地が当たって一軒家を立てます。そこで、浜甲子園団地から千里ニュータウンに引っ越すのですが、このとき、社員のみなさんが手伝いに来てくれました。

父の会社では、壱岐の人材を採用して寮に住まわせていました。その社員にとって、私の父は第二のお父さんです。このようにして、父は壱岐とつながりを持ちたいと思っていたようです。

また、父は壱岐市の石田村に消防車を寄付しています。大野家の家が燃えてしまったときに、周りの家に大迷惑をかけたのです。このお詫びの意味も込めて寄付したと言っていました。

父は54歳で大腸がんが見つかりました。「これは被爆したのが原因ではないか」と国に申請したところ、原爆症認定患者となりました。豊中市（大阪府）で唯一の原爆症認定です。大腸がんはステージ4でしたが、それが治りました。私は被爆二世となります。

伊勢村家、山内家、大野家の関係とは

父が会社を売った相手は、伊勢村家の末裔の伊勢村龍一氏です。この家は江戸時代、長崎の油屋町の勘定奉行をしていました。

この伊勢村家と、先ほど述べた山内家、そしてうちの大野家は、江戸時代からものすごいつながりがありました。

山内家は平戸藩松浦家の命によって密貿易をしていた家です。大野家は菜種油をつくっていて、当然長崎の油屋町にも卸にいっていました。

長崎の油屋町とは、いまもその地名が残っていますが、全国の油商人が集まってつくった街です。そこでの「勘定奉行」の存在とは、なんとなく「密貿易」「油商人」との密約のにおいがしてきます。

大阪の堺市に南宗寺という寺があります。ここには徳川家康の墓もあります。ここに伊勢村家、山内家、大野家の墓が三つ並んでいるのです。

大野家の家系図の中に「松屋」という、大野家が4代目のときに分家した家があります。ここが油商人を営むのですが、大坂に出て来て、松永安左エ門の商売を手伝います。そこで財を

成すのですね。

　私は、ここにある大野家の墓石の裏を見たことがあります。その碑文にはこう書かれていました。

「大野家の祖先は壱岐州、印通寺浦、目坂町にある。本家、志賀屋三代目、善治兵衛次男早死にして三男が分家、大坂に出てきて商売をした」という。

ご先祖の墓を墓石屋さんにきれいにしていただいた

　前の方で、彦二郎の妹アイが11歳で山内新一の嫁になったと書きましたが、嫁に行く前日にアイは伊勢村家の養女になっています。つまり、アイは伊勢村家の娘として山内家に嫁入りしているのです。
　この三つの家に、江戸時代から平成の時代まで続くなんだか奥深い因縁があります。謎深いですね。
　父は会社を売って得た5億円を運用資金にして株を手掛けるようになりました。千里の家の一室を株専用の部屋にしていました。ここに端末を置いて、証券取引所と直接やり取りが出来て、常に株価が分かるようにしていました。いまだったらパソコンで簡単に出来るのでしょうが。
　伊勢村家が継承した父の会社はその後なくなりました。山内家も大きなお屋敷が無くなりました。いまでは伊勢村家との交流はありませんが、山内家は新一の孫にいとこが嫁いだので今も交流があります。父は株取引がうまくいかず、５億円のお金はなくなり、千里の家を1億円で売って、そのお金でそれまでの借金を清算したようです。

こうして、大野家、山内家、伊勢村家の関係は平成まで続いたことになります。

父が私の人生を一度だけ褒めてくれたこと

父が亡くなったのは２００９年で84歳でした。お葬式の喪主は私です。

そこで、喪主としての挨拶をすることになります。このとき、本当に不思議な体験をしました。「みなさま、本日はご臨席いただきまして誠にありがとうございます。私の父は……」と言いかけたら、その後、胸がギューッと締め付けられた感覚になって、私の声が出なくなってしまったのです。本当に初めての出来事でした。

その状態で、３分くらい経過したでしょうか。その後、やっと声が出るようになりました。

この後は、父のことがゆっくりとよどみなく出てきました。「20歳の時に原爆にあって……」とか、父の若い時の経験をいろいろと話しました。

葬式が終わってから、親戚の人から「あれじゃ、泣いてしまうやろ」と。私は全くそんな芝居がかったことなんてできません。

私は、父からしいたげられて育ちました。私の心の中では「父」とは、絶対に乗り超えることのできない大きな壁だったのです。

喪主挨拶で、私の声が出なくなってしまったのは、その壁が崩れたからではないでしょうか。

こんな話をすると、目頭が熱くなります。

父が83歳くらいのころ、かなり弱っていましたが、私のことを褒めてくれました。私の人生の中で最初で最後です。

「この不景気の時代に、会社をつくって、よくやっている」と。

それまで、私の心の中には、常に「父を超えてやる」という思いがありましたが、このとき、父は私の仕事のことを見守ってくれていたのだと、改めて思いました。

父は私に「戦う力」をもたらしてくれた

わが社クリーンライフは、毎年1回海外に社員旅行に行っています。コロナ禍の3年間は行っていませんが、それまでの12年間連続海外旅行に行っていました。

これはわが社の社員にとって「人に自慢できる会社にしたい」という思いがあって継続しているることです。

それに加えて、たぶん私の心の中に父に対する対抗意識もあったかと思います。

私が大学生のときに、父は家族をハワイに連れて行ってくれました。そのときに父は私にこのように言いました。

「お前は、自分の子供たちにこんなことを、ようせんやろ」と。

こんなこと言われたことが、私の心の中にずっとわだかまっていたのですね。

ですから、私は家族を毎年海外に連れて行きました。東南アジアはもとよりエジプトにも行きました。

それは、父への反発心。父を絶対に超えてやろう、という思いの発露なのですね。

そして、私にとってのファミリーである社員と一緒に、毎年海外旅行を楽しんでいます。

父は、私に「お前は中小企業の社長は無理や」と言いました。

このように言われたときに「なんと冷たい父親か」と思ったものです。

そこでいま、父に感謝をしています。父は私に「ハングリー精神」と「戦う力」をもたらしてくれました。父がいなかったら、このような力を私は持ち得ることが出来ませんでした。

私は父が生きているときに「私はあなたを超えた」ということを見せてあげたかった。その目標がいなくなったということで、父のお葬式のときに、私の声が出なくなったのだろうと思っています。

第7章

私が入れ込んだ趣味のこと

〜遊ぶときは、いつも仲間と一緒だった

ヌード撮影会を経験して芸術家を気取る

私はあることに興味を抱いたら、それにどんどんはまっていくタイプです。

ここでは、仕事の話ではなく「興味を抱いたら深くなっていく」ということを、私の子供のころからの趣味の世界のことを書きます。

最初は中学生時代の話です。

私は入学してすぐに科学部に入部しました。この中にはいろいろな班があって、私は「天文班」に入りました。これ以来、私は夜になると星を見ることが習慣になっていきました。

この中学校は千里ニュータウンにあって、高層マンションがたくさん立ち並んでいる中にあります。この「天文班」では、活動の一つに「夜、8時に中学校の屋上に集合して星を見る」というのがありました。

最初はまじめに星を見ているのですが、だんだんと望遠鏡が下がることを覚えてしまいました。マンションの中が丸見えだったのですね。これを知ってドキドキしたものです。

中3で「写真班」に入りました。家に一眼レフカメラの「キヤノンＦＴｂ」があったので、それで写真を撮っていました。

高校では写真部に入りました。そこで、望遠レンズとか特殊なレンズを使って、いろんな写真を撮っていました。

キヤノンＦＴｂで使う望遠レンズの純正品はめちゃ高いので、コムラとかタムロンといったレンズ専用メーカーのレンズを購入して使っていました。例えば４００㎜のキヤノン純正品の望遠レンズが何十万円するとします。でもレンズ専門メーカーのものだったら数分の１の価格なのです。さらに焦点距離を４００㎜の半分の２００㎜のレンズにするとさらに安くなります。この２００㎜のレンズにケンコーのテレプラス２Ｘを装着すると焦点距離は４００㎜となるのです。もちろん光学的な性能は劣りますけど。

高校３年生になって、小遣いをはたいて、前述の方法の通りコムラの90㎜〜２００㎜のズームレンズとケンコーのテレプラスを「カメラのナニワ」で買いました。すると「モデル撮影券」というのが付いてきました。それはヌードモデルの撮影会でした。

「おー、ヌードの撮影ができる」と感激して撮影会にのぞみました。

「ここでは堂々としていていいんだ」と。お姉さんの生の裸を、誰の目を気にすることなく、ドキドキしながらパシャパシャ撮りました。気分はすっかりアーティストです。この気分はしばらく続きました。

そこで、文化祭です。写真部では、自分が撮った写真を自分で大きな印画紙に焼いてパネルに貼って、部室の壁に展示するのです。私はヌード撮影会で撮った「ヌード三部作」を展示しました。

そこで、見た人にどれが良かったかと投票をしてもらうのです。そこでは1位になれませんでした。「私の芸術作品を分かってくれない」と思いました。

顧問の先生がやってきて、「文化祭でヌード出したの、お前が初めてや」と言われました。この先生は、私の創作意欲を認めてくれていたようです。

文化祭が終わって、授業が始まると担任の先生がやってきて、「君のあの写真って、18歳禁止とかちがうんか」と言いました。私は「何言っているんですか先生。あれ、芸術ですよ、アートですよ」と言い返しました。

写真はいまも趣味の一つです。2022年に、私のご先祖の地である壱岐で撮った写真が地元の写真コンクールで3位になりました。そこで2024年のカレンダーに使われます。賞金も少しもらいました。

バイクにはまりランクアップしていく

高1の時に、暴走族に入っているクラスメートと仲良しになりました。私はエンジンが付いているものが大好きでした。そこで、無免許でしたが、原付を公園で乗らせてもらいました。「クラッチを握って、ギアを入れて、アクセルでふかしながら、クラッチを少しずつ緩めんねん」と。「うおー、動いたー、どないして止めんのー、止め方教えてー！」という感じで。そこでバイクが絶対に欲しくなりました。

私は３月生まれなので、免許が取れるのは高１が終わってからです。そこで高１の時にバイクを買うお金を貯めるために新聞配達を始めました。主に夕刊を配達していましたが、もっと稼ぐために朝刊の配達も始めました。

高２に入ってすぐに、このお金で免許を取って、11万円くらいでバイクを買いました。「ミニトレ」という愛称の「ヤマハＧＴ50」の新車です。

私の高校は大阪府立東豊中高等学校、学生服は学ランではなくてブレザーで、いわゆるお坊ちゃん風の学校でした。

ですから「本当の不良」というのは入ってきません。当時の不良は学ランの裾を長くして長ランにしたり、詰襟を高くしたりしていたんですね。ブレザーの制服では不良のカッコができないんです。私は中学の時の詰襟が大っ嫌いだったので、詰襟の制服でない学校しか選択肢に入れていませんでした。

「不良＝バイク」という時代で、１学年に12クラスありましたが、バイクに乗っている生徒はクラスに２人位しかいません。そこで、バイクの生徒はクラスという垣根を飛び越えて仲良くなっていました。

バイクに乗っている人間って、どうしてもヤンチャなタイプが多かった。そこで私が奴らと付き合っているうちに、私の人生は変わったようです。

私は、それまでオタクっぽかったのですが社交的になりました。たばこを吸うとか、お酒を飲むということにドキドキ、ワクワクしながら真似していました。ヤンチャな奴らは、彼女がいるのがたくさんいて、女性経験も早い。そんな奴らと遊んでいる時間がなんとなく楽しかった。奴らとはいまでも交流しています。みんな普通のおじさんになっています。

原付に乗っていたら、125ccに乗りたくなりました。そこで、小型自動二輪の免許が必要になります。しかしながら、教習所に通うお金がなくて、門真運転免許試験場に飛び込みで受けに行きました。学科は1回で済みましたが、実技は8回受けました。そこで小型自動二輪の免許を取って、また新聞配達を始めることになります。そして、オフロード二輪の「ホンダXL125」の中古を8万円で買いました。

すると、中型が欲しくなるんですね。お金がないので中型二輪も教習所に通わず、門真運転免許試験場に飛び込み受験です。今度は実技は4回で合格しました。このとき1回の受験料は1800円。ですから、実技代は7200円。小型から中型への試験なので学科試験はありません。1万円も使わずに中型自動二輪の免許を取りました。でも、お金がなかったので、結局高校在学中には中型自動二輪を買うことができませんでした。

一浪して近畿大学理工学部に進む

　高校時代は遊んでばかりいたので、大学受験は落ちました。そこで、親に頭を下げて予備校に行かせてもらいました。しかしながら、予備校に行ったとしても、勉強しない人間は勉強をしないのですね。

「夏季講習に行きたいから、お金をください」といって。そのお金をもらったのですが、全部遊びで使ってしまいました。悪い子ですね。

　年が明けてから二度目の大学受験が目前となります。このときはじめてスイッチが入って、少し真面目に勉強するようになりました。

　でも、いまさら英語とかやっても間に合いません。国公立は５教科です。これを諦めて、私学の理系に絞り、勉強は数学と物理に集中しました。それは、物理がもともと好きだったこともあります。数学、物理とも問題集を１日数ページと決めて問題を解いていました。

　大学入試は２月の上旬から始まります。しかしながら、この時期に受験したところは軒並み不合格です。近畿大学を志望していましたが、本校の試験は落ちました。

　しかし、３月に二次試験があります。この頃になると受験勉強も進んでいて、神奈川大学工学部を受けました。物理の問題は2問しかなかったのですが、そのうちの1問が、試験前の休憩時間で見ていた問題とそっくりでした。そこで、完璧な回答ができました。そして、神奈川大学は合格です。「ハマ（横浜）っ子になるんだ」と私はルンルンしながら神奈川大学に行く準備をしていました。

しかしながら、父にガンが見つかりました。私は父から「オレはいつ終わるかも知らんから、大阪にいてくれ」と言われました。そこから受験できたのが、近畿大学の地方試験でした。そこで名古屋で受験して近畿大学理工学部経営工学科に合格することが出来ました。

なぜ「経営工学科」を目指したのか。やはり、当時から将来経営者になることをなんとなく考えていたのでしょう。

高校時代のスキー体験でその魅力にはまる

スキーには高校生時代から親しんでいました。

東豊中高校では、修学旅行とは別に海合宿か雪山合宿かどちらかを選ぶことになっていました。私は雪山合宿を選んで、新潟・妙高高原の赤倉スキー場に行ったのが初めてのスキー体験でした。そこで経験したことが面白くなって、毎年必ずスキー場に行くようになりました。北陸自動車道も中央自動車道もなかった当時で、大阪から名神自動車道に乗って、小牧インターを降りて、ずっと下の道を走るのです。めちゃくちゃ時間がかかりました。

私はたばこが大嫌い。しかし、付き合っていたヤンチャな子たちはみんなたばこを吸う。車を持っている奴がいて、こいつの車にヤンチャが乗るとみんなが煙草を吸いだして。私は臭くてたまりません。

会社に入ってから、仲間と車でスキー場に行くようになりました。この中にたばこを吸う人が誰もいなくて、たばこの煙から解放されました。

会社に入ってから取り組んだスポーツは、スキーに加えて、モータースポーツ、つまり自動車競技ですね。学生時代ほどの本気のものではありませんが。そして、ウインドサーフィン。次にスノーボード、ウエイクボード、ジェットスキーと広がっていきました。

ウインドサーフィンの場所は淀川の河口、甲子園浜、日本海の由良浜とか、冬は寒くなるので和歌山の御坊とか。春・秋は琵琶湖ですね。

中には悲惨な海もありました。海の色が麦茶だったり、コーヒー牛乳みたいだったり。下に落ちると海底がぬるっとしたり。こんな海では、絶対にウインドサーフィンから落ちたくないと思っていました。いまでは環境保全の意識が高まって、こんな海を見ることがなくなりましたが。

ウインドサーフィンで広がる友達の輪

新入社員時代は、淀川の近くにある工場勤務でした。工場は16時40分に終わります。夏のこの時間はまだ明るいじゃないですか。そこで就業したら早速、淀川でウインドサーフィンを楽しみました。阪神高速の脇にありますから、暗くなっても、この照明でウインドサーフィンを楽しむことが出来ました。

ハワイのマウイ島にはホオキパ・ビーチというウインドサーフィンの聖地があります。そこに行って、現地の板を買って帰りました。とてもきれいです。今はこれを私のご先祖の島である壱岐の家に飾っています。

壱岐の家は下に12畳くらいのリビング・キッチン、10畳の和室、縁側、2階に10畳と8畳の和室があります。

壱岐で生まれ育った人は、いったん壱岐を出るとほとんど戻ってくることはありません。私は大阪生まれ、大阪育ちですが、私の原点だと思って毎月壱岐に行っています。

壱岐に頻繁に行くようになったのはウインドサーフィンに親しむようになってから、なおさらです。きれいな壱岐の海でウインドサーフィンを楽しむのは最高です。

私はいつも「カローラレビン AE 86」の屋根に、ウインドサーフィンの板とマストを載せて海に向かいます。そんなことで気分は高まります。

当時はウィンドサーフィンブームだったんです。壱岐のような離島でも大浜という浜にはいつ行っても十数人の人がウインドサーフィンを楽しんでいました。

でも、ウインドサーフィンをセッティングすることはめちゃくちゃ面倒くさいことなんです。マストと帆の部分、リグと言いますが、これをばらさないでそのままビーチの岩陰において帰るのです。ないしは大浜の公衆トイレの裏に置きっぱなし。取られることなんてないんです。お盆休みの時期には、ウィンドサーファーがたくさん集まってきてこんなことは毎年の風物となりました。

壱岐は人口２万５０００人で狭い社会です。ですから、私が壱岐に行くたびにどんどん知り合いが増えていきました。誰かと知り合いになると、その人が私のいとことか、昔からの知り合いとかとつながっていて、人脈がすぐに広がってい

私 17 歳、GT50

ウインドサーフィンのブームにのる

きます。

私は大阪での仕事を壱岐でも行っていますし、市長も市議会議員も知り合いです。では、大阪にいたところで大阪市長と交流することはありますか。ありませんね。そこで、壱岐のような小さなコミュニティで私の心は癒されています。

スノーボードが紹介されていち早く楽しむ

ウインタースポーツではスキーを継続していました。

スキー場ではこぶ斜面をモーグル競技のように滑り降りてくる人はヒーローです。そしてなぜか、リフト下とかにこぶ斜面ってあるんですよね。目立ちたがり屋の私はこぶ斜面ばかり練習して、ピョンピョンとスムーズに滑れるようになりました。リフトに乗っている人は私の滑り降りていく様子を注目していたものです。

そんな中で、スノーボードが新しいウインタースポーツとして紹介されました。まだこれが珍しいときに、私は会社の同僚を誘って、スノーボードに親しむようになりました。

当時は、まだスノーボードスクールもありません。教習本を一冊買ってきて、この本をゲレンデで見ながら、リフトの乗り方、降り方、滑り方を覚えました。

当時スノーボードを滑ることができるスキー場はとても限られていて、最初に行ったのは長野県の御嶽《おんたけ》スキー場です。

ほかのスキー場に、電話で「お宅のスキー場ではスノーボードが滑れますか?」と聞くと「スノーボードって何ですか?」と聞かれるような時代でした。

スキー場はスキー客で潤っていましたから、新しいスポーツを取り入れるということにはあまり意欲的ではなかったのかもしれません。ですから、当時スノーボードを滑ることが出来るスキー場はマイナーなところばかりでした。

私が勤めていた会社では蓼科に温泉を引いた別荘を持っていました。そこで同僚とそこに泊まって、蓼科のスキー場にスノーボードをするために通っていました。スノーボードで初めて行ったスキー場は御嶽でしたが、その次からは蓼科ばかりとなりました。

金曜日の16時40分に仕事が終わります。そこでワンボックスカーに分乗して同僚と蓼科に向かいます。すると夜中の1時か2時ごろに蓼科に到着します。温泉入ってから寝ます。部屋の中はマイナス20度でものすごく寒かった。こんなことが楽しい思い出として、いつまでも記憶にあります。

スノーボードのインストラクター資格を取得

私はスキーでは何も資格を取っていなかったので、スノーボードは資格を取ろうと思っていました。そこで、3級、2級、1級と合格して、インストラクターの講習も受けました。そしていま、私は日本スノーボード協会のC級インストラクターです。

この資格を持つと、スノーボードを教えてお金をいただくことができます。スクールを開校するのはB級の資格がなければできませんが、スクールに勤めることはできます。

私は雪山にこもったことはありません。雪山にこもらないでインストラクターの試験に受かることは珍しいことなのです。

スノーボードにはフリースタイルとアルペンがあります。フリースタイルの板は幅広でノーズとテールが大きく反っています。ジャンプ、トリック、キッカーなどに適しています。前にも後ろにも滑れるようにノーズとテールが対称的な形状です。オリンピック競技のハーフパイプやビッグエアなんかは全てフリースタイルです。

アルペンの板はフリースタイルに比べて細くて長く、スキーブーツのような硬いハードブーツを使用します。オリンピック競技でいうとパラレル大回転がアルペンの板を使った競技です。

スピードを出して滑る板ですね。

　いまアルペンは少なくなっていますが、アルペンは当時のフリースタイルの板ではできなかったカービングターンをすることができたのです。オートバイに例えると、究極まで倒してコーナリングをしている状態ですね。本当にものすごく気持ちいいです。

　今のスノーボードはフリースタイルがほとんどですが、最近では板性能が上がっていて、カービングターンができるようになっています。

42歳、ウエイクボードでのバックロール

これがビッテリーターン（第2章46ページ参照）

　そんなことで、私はウインタースポーツのシーズンになると月に2回くらいスノーボードができるスキー場に行っていました。5月ごろまではできましたね。

　最近、わが社の一番若い社員が「社長、スノーボードを教えてください」というので、スキー場に連れていったところ、ワンポイントレッスンをしただけですぐに上達しました。私は日本インストラクター協会のC級インストラクターですから。

こんな具合に、私は趣味が多種多様です。一つのことに興味を抱いたら、どんどんハマっていきます。趣味は趣味で一生懸命、仕事も一生懸命。オンとオフをきちんと切り替えて、みんな全力で取り組んでいます。

第8章

私が愛したクルマ遍歴

～それぞれの「夢」を実現してくれた必需品

クルマは大人になったら「必需品」

私はクルマが大好きです。

では「あなたにとって、クルマとは何ですか」と問われても、きちんと答えることが出来ませんが。

子供のころから、ミニカーもプラモデルもたくさん持っていました。普通に5歳の子供が、ブインブインとやっているのと同じです。

小学校の低学年のときに、学校の帰り道で、止まっているクルマを一台一台窓越しに中をのぞいていました。スピードメーターを見ていて、そこに140kmまでの数字が書いてあると「140kmのスピードが出るクルマ」だと思っていました。「わっ、このクルマ140km出る」「わっ、このクルマ160km出る」とワクワクしながら、一台一台を眺めていました。

大人になってから知りましたが、あの頃のクルマってメーターはかなり大げさに表示してたんですね。160kmまで表示してあるからと言って160km出るわけではなかったんです。大衆車の「サニー」でも180kmまで表示があったほどです。

第7章の、私の高校時代を振り返るところで、バイクに夢中になって、どんどん車種のランクが上がっていった話を書きました。「夢」を実現することで車種のランクが上がっていきました。クルマは、大阪にいると交通手段として必需品で、また大人になると乗るのが当たり前だと思っていました。デートにはクルマが必要。クルマを持っていないと彼女ができないと思っていました。

クルマの免許は、バイクのときと同様で飛び込みで試験を受けました。その練習は、友達のクルマを借りて、千里の万博公園の駐車場でやったり、公安委員会非公認の１時間３０００円で教えてくれる教習所で習ったりしていました。

こんなことで、仮免は学科１回で合格、実技は８回目で合格。本免許は学科、実技ともに１回で合格しました。実技の試験は１回１８００円でしたので、実技は全部で９回、教習所も含めてかかったお金は２万６０００円くらい。その頃の正規の教習所の料金は15万円ぐらいだったので教習所で免許を取るよりも、ずっと安く済むことができました。

ここから私のクルマ遍歴が始まります。それがこの表です。私の年齢とそのときの乗っていたクルマを一覧表にまとめました。

私のクルマ遍歴

年齢	車種
19	フェアレディーZ　S130
20	サニーB110
23	レビン　AE86
24	初代パジェロ
26	二代目シティ
27	ホーミー
31	ファーゴ4WD
33	二代目パジェロ
34	ボンゴフレンディ
38	ジープ　J 54
42	MR-S　前記型
44	ベンツML ディーゼル
44	ジープ　J 53
55	ジープ　J 52
52	ラングラーJK
56	MR-S　後期型ファイナルエディション
56	FJ クルーザー
59	ラングラーJL

「フェアレディZ」が「4人乗り」になったワケ

最初に乗ったのは「フェアレディZ」の新車です。父がプレゼントしてくれた形ですが、父もこれに乗りたかったようです。日産の販売店に父と2人で行って排気量2800ccのスポーツカーを注文しました。

私は2人乗りで5速ミッション車にしてほしかったのですが、父が知人からこんなことを言われたそうです。

「2800ccもあって、3ナンバーで、2人乗りっていうのはもったいない」と。

そんなことで、父が4人乗りに変えてしまった。

私からすると、「2人乗りのフェアレディZ」と「4人乗りのフェアレディZ」は全く別物です。まず、「4人乗り」は後部座席があるので物理的に車室部分が長くなっています。「2人乗り」と比べると、全長も長くなるから運動性能からして全く変わってしまう。見た目も車室部分が長いですから、ライトバンのようです。

「フェアレディZ」で「4人乗り」を買う人というのは、私に言わせればド素人です。そもそも「3ナンバーで2人乗りはもったいない」という考え方は、「1人当たりいくらお金がかかるのか」

という発想ですね。こういう考え方って変ではないですか。「２８００ccもあるんだから、２人乗りじゃもったいない」という。

私は「こんなフェアレディＺはいやや」と言ったのですが、父は４人乗りを絶対に譲らなかった。

「じゃあ、しゃーないね」ということで、４人乗りで妥協しました。自分一人では、こんなクルマを買うことなんてできないですから。

当時の日産車で３ナンバーというのは「セドリック」と「フェアレディＺ」しかありませんでした。トヨタの場合は「クラウン」と「セリカＷＸ」だけ。ですから、当時の３ナンバーと

19歳、フェアレディＺ

23歳、AE86

25歳、初代パジェロ

27歳、ホーミー

いうのは、とんでもなく高級なクルマだったのです。

私はこの「フェアレディZ」が大好きで、毎日のようにワックスがけをしていました。父から「お前、そんなに毎日やっていたら、塗料が剥げるぞ」と言われたほどです。

ただ、私はこの「4人乗り」の「フェアレディZ」を横から見るのが大嫌いで、見ないようにしていました。まるでライトバンですから。見るのはいつも「斜め前方」からです。

私は、レモンイエローの色が大好きで、当時の「フェアレディZ」にもこの色があったのですが、なぜか白色を選んでしまいました。

最初の「フェアレディZ」が白になったワケ

話は飛躍しますが。当時の学校教育は「型にはめる」ということをしていました。「個性があったら駄目」といった感じでした。全科目及第点以上の点数を取ることが大事という教え方。例えば、美術の点数がすごく良くても、数学、英語が全く駄目だったら、全然駄目という感じです。

でも、そんなことは別にいいじゃないですか。むしろ、得意な分野がちゃんとしていて、その子の特徴がはっきりとしている。そこで、その子は美術の道に進めばいいわけですから。

しかしながら、かつての日本の教育はそんなことを許さない方針でした。つまり、個性を認めてくれない状況です。全員が同じ学生服。男子は丸刈り、女子も同じような髪型にさせられていました。同じ価値観の大人をつくって行く、ということが狙いだったのでしょうか。

ここからクルマの話に戻します。

当時のクルマに対する認識とは、みんな「白のセダン」でした。クルマと言ったら「白のセダン」。ですから、私は「レモンイエローのフェアレディZ」が欲しかったけど「黄色のクルマにしてもいいのか?」というなんか得体のしれない恐怖がありました。「クルマの色は白」

34歳、ボンゴフレンディ&ミロクラフト16F

40歳、ジープJ53 & J54

52歳、ラングラーJK

パワーボート Baja

ということで洗脳されていたようです。

そんなことで「白いフェアレディZ」になってしまいました。家に「フェアレディZ」がやってきてから、「本当はレモンイエローにしたかったのに」と、ものすごく後悔しました。

私にとって「セダン」は「嫌い」というのではなく「クルマ選びの選択肢に入らない」という存在です。

当時、マツダの「キャロル」という360ccの軽4輪がありました。これが4人乗りのセダンになっているんです。

当時の軽4輪は、いまよりもはるかに小さいのですが、それでもわざわざセダンにしていたわけです。「クルマはセダン」という固定概念があったのでしょうか。

私が選ぶクルマは「スタイリング」「速さ」「スポーツカー」ということです。「フェアレディZ」を選んだのは、この3つがそろっているからです。

クルマ選びには常に「目的」が存在していた

私が乗ってきたクルマは、みな「目的」が存在しています。

私のクルマ遍歴の中には「二代目シティ」といった大衆車もありますが、これは「ジムカーナ」という１３００cc以下の競技用に買ったものです。そこでエアコンは装着しませんでした。エアコンがあると車重が重くなるので競技用車両としては不利になるからです。タイム差にしたら百分の数秒ぐらいの差しかなかったかもしれませんが、エアコンが無いために夏は地獄です。

ちなみに大衆車の素晴らしいところは「エコ」ですね。小さくて、税金も優遇されていて、燃費もいいです。そして、車内は車体が小さい割には広くつくってあります。

一方「パジェロ」「FJクルーザー」とか「ラングラー」といったオフロードのクルマは、普通のクルマでは行くことのできない山道や砂浜に入っていくことができます。ですから、今までと違う景色（世界）を見ることができるかもしれないという夢があるのです。

この中に「ファーゴ」「ホーミー」「ボンゴフレンディ」があります。これはワンボックスで、たくさん荷物を入れることが出来ます。とくに「ボンゴフレンディ」は天井が上に上がって、2階建てになるのです。こんなのでキャンプに行ったら楽しくないですか。

ほかに「MR-S」というのが2つあります。これはトヨタがつくった2人乗りのオープンカーです。このクルマは値段が安くて、オープンカーでめちゃくちゃ気持ちがいいスポーツカーです。エンジンがミッドシップ（車体の中心部にエンジンがレイアウトされているクルマ）です。そこで回転性能がすごくいい。

トヨタはすごいですよ。こういうのをポルシェがつくったら1000万円ぐらいするだろうけどトヨタは200万円前後の価格で売っていました。でも、日本では全然売れなくて8年間で21039台しか売れていません。

私の初期のクルマである「フェアレディZ」は私が初めて鈴鹿サーキットを走ったときのクルマです。「サニーB110」は、これに乗ってレースにも出ていました。「サニーB110」はレース用と町乗り用のものと2台持っていました。販売終了して何年も経った大衆車なので中古車は安かったのです。町乗り用の「サニーB110」は中古車屋さんで5万円で買いました。なんだかんだで「サニーB110」にはトータル5台くらい乗っていました。

クルマの持ち味を十分に使いこなした

私のクルマ遍歴の一覧表を見ると、クルマをひんぱんに乗り換えているように見えますが、これはクルマを重なって所有していた時期もある、ということです。しかも半数以上は中古車を購入しています。

家の駐車場に入らないクルマは、家の前に置いたり、父の会社の駐車場に置いたりしていました。私は一度手にしたクルマにはじっくりと乗るタイプだと思います。ですから、私にとってのクルマは目的を持って所有していて、そのクルマの役割や持ち味を十分に使いこなしていました。

世界で一番売れたトヨタの「カローラ」には「レビン」というスポーツタイプがあります。見た目は大衆車のカローラなのですが、ＤＯＨＣのエンジンを搭載し足回りも強化したいわゆる「羊の皮をかぶった狼」と言われるタイプのクルマです。カローラの１９７２年以降の歴代のモデルに「レビン」が存在しているのですが特に「レビン AE86」はレビン史上最後のＦＲ（フロントエンジン・リア駆動）として人気を博しました。

「AE86」とは「型式」です。「年式」で言っても分かりづらいので、みな「型式」で言います。

「レビンAE86」で峠道の横滑りを楽しんだ

クルマの走りで楽しいのはＦＲなのです。それはドリフト（タイヤを横滑りさせながら走ることができるテクニック）ができることです。そこで峠道を横滑りしながら走るのがとても楽しい。そこで、ＦＲは「走り屋」から特に好かれています。

『頭文字「イニシャル」D』というアニメがあります。これは峠道でクルマを高速で走る走り屋をテーマにしたもので、この主人公がこの「AE86」に乗っています。

私が「レビンAE86」に乗っていたときは、雪の峠道も走っていました。当時の私はサラリーマンで、工場勤務をしていて、冬になると時折外を眺めていました。そこで雪がちらついてくると、4階に駆け上がって六甲山を見るのです。

六甲山の上の方が白くなっていたら、すぐに仲間に電話をかけます。「雪積もっているぞー！」って、「○時に○○に集合！」とか。みんな慌てて家に帰って、スパイクタイヤに着け替えて、雪の峠道をガンガン走りました。ラリー・モンテカルロみたいに横滑りして走るんですよ。これは、FRにしかできません。

当時のクルマは時速100㎞を超えると「キンコーン」「キンコーン」と鳴ったものです。雪の峠道では、それがずっと鳴っています。実際のスピードは40㎞くらいしか出ていないのですが、タイヤがずっと空回りしているので、メーター上は100㎞を超えているのですね。

「AE86」はレビン史上最後のFRと言いましたが、このころの小排気量のクルマはほぼ全てFFになっていて、小排気量車でFRというのは、この「AE86」だけだったんです。いま程度のいい「AE86」が存在したら300万円、400万円すると思います。

FRのクルマはリアタイヤ（後輪のタイヤ）を動かすためにフロアの下にドライブシャフトがあります。ですから、3人掛けの後部座席に座ったときに、フロアの真ん中がぼこっと膨らんでいます。それは、その中にドライブシャフトが通っているからです。

これによってクルマの中の居住性は良くないし、ドライブシャフトがあることで車体も重くなります。

そこで、いまのクルマはみなＦＦになっているのです。フロントにエンジンがあって、フロントにトランスミッション（変速機）があって、フロントのタイヤを動かしています。このようにＦＦは、フロントの中にぎゅっとまとめられていてスペース的にも効率がいいんですね。大衆車というのは速さよりもエコ性能が求められるので、いまのクルマの小排気量車は全てＦＦです。

ウインドサーフィンを始めてオフロードへ

24歳になって「初代パジェロ」に乗りました。

これをきっかけに、私が乗るクルマはオフロードになっていきます。当時、オフロードのクルマは、日産は「サファリ」、トヨタは「ランドクルーザー」、三菱は「ジープ」でした。そこで三菱が、オートマチックのオフロードを発表しました。それが「パジェロ」です。

オフロード車でオートマ、ＦＲの状態から４ＷＤにレバー一つで切り替えることができる、ということはとても画期的なことでした。ごつごつした角ばった形もいいな、と思いました。これを購入し、納車されたとき、おふくろがそのクルマを見て「進駐軍のトラックみたい」と言いました。

私のクルマが「パジェロ」になったのは、当時ひんぱんにウインドサーフィンに行くようになっていたこともあります。ウインドサーフィンは「レビン AE86 」に乗っているときもやっていたのですが、このクルマの屋根にウインドサーフィンを載せるというのは、かなりしんどいものがありました。

そこで、車の中も広くて、オフロードの「パジェロ」に変えたわけです。「パジェロ」だと４ＷＤで砂浜にも入れますからね。このクルマでは峠道を走っていません。海にばっかり行っていました。

その次に「二代目シティ」を買ったのは、前述した通り「ジムカーナ」という競技に出るためです。「パジェロ」のセカンドカーになります。

これは競技用ですからエアコンをつけていませんでした。夏は地獄です。スタイルとか、エコ性能とか快適さで選んでいません。競技用ですから、ジムカーナで勝てる車種ということです。

同クラスのライバル車としては「スターレット」とか、スズキの「カルタス」が出ていました。

ジムカーナの競技会場は、教習所だったり、広い駐車場にパイロンを並べてコースがつくられます。スピードを出したところで時速80㎞くらいです。直線といってもせいぜい50ｍくらい。そのコースをロスなくクルマの性能を出し切って走らないといけません。

みなさん勘違いされるのですが、派手な走りが速いわけではないんです。いかにクルマの限界ギリギリでスムーズに走るか、そして数多くあるコーナーで一つでもミスしたら勝てません。1台ずつ走って、速い順で順位を決めるわけですが、フラストレーションが残る競技です。鈴鹿のレースに例えると、予選だけで終わるようなものです。

スポーツの趣味が高じてワンボックスへ

その次の「ホーミー」とは日産のワンボックスで「キャラバン」の双子車です。4ナンバー（小型貨物車）を買いました。

どうしてこのクルマにしたかというと、ウインドサーフィンやスノーボードに行くためです。セカンドシートをばたんと倒すと、後がベッドになるようにしていました。室内には、ウインドサーフィンの板が4枚載るようにしました。

このクルマを初めて仲間に見せたときには「えー、めっちゃ商業車や」と言われたものです。でも私はワクワクしていました。荷物をいっぱい詰めるし、荷室に布団を引けば寝ることもできるんです。ミッションはハンドルの横にあるコラムシフトです。昔のタクシーのような形で、前の座席には3人乗ることができました。

この当時に「商業車の三種の神器」というものがありました。それは「ディーゼル」「パワステ」「エアコン」でした。この3つがついていたら商業車としては高級車と言われたものです。私の「ホーミー」にも三種の神器が付いていました。ディーゼルですから壊れません。燃費もめちゃくちゃいいです。

この次に買ったのが「ファーゴ」です。これはいすゞのワンボックスで、当時としては珍しい、ワンボックスで4WDでした。「キャラバン」に丸みをつけた感じでカッコいいクルマでした。これもウインドサーフィン、スノボに使っていました。4WDでしたから雪道にも強かった。

次に「二代目パジェロ」を買いました。オフロードであることはとても頼もしいことでしたが、ワンボックス車を二台乗った後ではボディが大きい割には中が狭くて、使い勝手が良くなくて1年で売りました。

クルマは私に人とは違う人生をもたらした

ワンボックスの車内の広さに慣れてしまったので、もうワンボックスにしか乗れません。次に買ったのが「ボンゴフレンディ」。マツダのワンボックスです。屋根が上がるクルマで、これで家族でキャンプに行ったりしました。２階に上がって海を見たりすると、景色が一変してきれいでした。

私は36歳でこの仕事を始めて、当時神戸に仕事に行ったら、その帰りにコンビニで弁当を買って、ハーバーランドでクルマを停めて、屋根を上げて2階に上がって海を眺めながらお弁当を食べるというのは最高でした。このクルマはディーゼルで、結局25万km乗りました。

私のクルマ遍歴のはじまりとなる「フェアレディZ」は一番いいグレードでしたが、それ以降のクルマは一番低いものになっています。

この「ボンゴフレンディ」も同様で、例えば、パワーウィンドゥはついていない、シートはビニール製になっています。

私が同じ車種でも一番低いグレードのクルマを買うようになった理由は、こういうことです。

例えば、トヨタの「カローラ」の場合、安いのは80万円、高いのは１５０万円くらいとなります。

ボディやエンジンは一緒なのに、椅子の生地がモケット生地になっていたり。こんなことで値段が変わるのですね。クルマ自体の基本性能は80万円も150万円も同じものです。

そこでトヨタの「セリカ」を想定しましょう。この車種が150万円から250万円まであったとしましょう。「カローラ」の一番高いのを買おうと思ったら、「セリカ」の一番安いのを買うことができるのです。それであれば、私は「セリカ」の一番低いグレードのクルマを買います。クルマの中には便利装置はありませんが、クルマの性能自体が上になるのです。

クルマは趣味ですが、私にとって必需品でもあります。クルマがなかったら、ウインドサーフィンは絶対にできません。私の趣味のことを前に書きましたが、これらを支えてくれたのはクルマでした。

パワーボートが「非日常」を感じさせる

この話題を進めていくと、自分の人生にとって本当にプラスになった趣味の乗り物は「船」ですね。船はクルマ以上にインパクトが強いです。

私が持っている船はパワーボートです。クルーザーはその辺のお金持ちは大抵持っているでしょうが、パワーボートを持っているというのは珍しいと思います。

私は、クルマが好きですが、元々ボートも大好きでした。ボートショーが大阪、東京のそれぞれで年に1回開催されていますが、私はサラリーマンのころからそれを毎回見にいっていました。特にバブルの頃は、何千万円という凄いボートがたくさん並んでいました。そんな大金を私は持っていなくて、カタログばかりを集めていました。

私は自営業を始めたとき、紙に目標を書きました。独立して1年目「目標売上金額○○万円」「2年目いくら」「3年目いくら」と。そして「○年目でマンションを買う」「○年目でボートを買う」ということを書いて仕事机に貼りました。

こうして実際に、マンションを買いました。そして、船も買うことができたことには本当にびっくりしました。バブルの当時に１８００万円していたパワーボートが、バブルがはじけて中古艇をヤフオクで１４０万円で買った、ということもあります。

ボートもクルマ遍歴同様に、さまざまなボートを乗り継いできましたが、私が本当に乗りたいと思っていたボートは、いま乗っている「Baja」（バハ）というパワーボートです。32フィートですから10m近くあります。この新艇価格は２３００万円ですが、これが転売されて、放置されて、６年間くらい風雨にさらされていたものを50万円で買いました。それに４５０万円くらいかけて修理して、めっちゃ綺麗な状態になったのがいまの船です。これまで10年乗っています。

運転席に屋根はついていませんが、運転席の前の方には部屋があります。半分から後ろはオープンデッキです。いま、琵琶湖に置いています。

なぜ、船で人生が変わったかというと、お客様とか、飲食店の社長様とかを船にご招待するとみなさんびっくりされるんですね。

「ブオワーッ」と爆音を出して湖面を時速100㎞で滑走するんです。非日常ですね。これが1000万円のベンツに乗っていただいたところで、誰もびっくりしてはしてくれない。でも、このパワーボートは違います。本当にみなさんのハートを引き付けました。

それで勝手に「大野さんはすごい人」「クリーンライフはすごい会社」という風に思っていただけるようになりました。

私のクルマや船は「夢」を実現してくれる

人はこんなことを言います。「船に乗るのは、一年に何回かやろ」「もったいないやろ」と。それは「1回あたり、いくらかかる」という計算をしているから、出てくる発想です。

私のクルマ遍歴の最初のクルマ「フェアレディZ」のときもそう。「1人あたり○cc」という計算をしているのです。なんか、そんなものでクルマや船を選びたくはないですね。

では、私はどのような価値観を持っているのか。

それは、必要に迫られて、移動するためだけに買うクルマであったら、そのような選択基準でいいと思います。クルマがないと、生活ができない、買い物ができない、通勤が出来ない。それを便利にするためのクルマだったら、いかにエコで、燃費がよくて、いかにたくさんの人が乗車することができて、いかに故障をしないで……。このようなクルマの選択基準でいいでしょう。

しかし、趣味で乗るクルマとは。スタイリングがカッコいいから、スピードが速いから、山道を走りたいから、砂浜を走りたいから、とか。このような動機で買いますね。

私の船に対しても、みなさんこんなことを言ってくれます。

「その船って、屋根がついていないんやろ」

「雨降ったらどうするの？」と。

それは、趣味で乗る船は、雨が降っていたら乗りませんから。仕事で乗る船は、雨が降っても乗らないといけません。オートバイだったらなおさらです。趣味で乗るオートバイは、雨の日にツーリングに行きませんから。

屋根の付いた船がありますが、屋根がついた船には「滑走感」といったものが全くありません。クルマも同様、屋根のあるクルマと、オープンカーの違いですね。特に海の上ではこの差が大きいです。

「大野さんは、なぜ、そんなクルマとか、船を買うの？」

このような質問をされる方は、遊びの動機における「夢」の度合いが低いと思います。私にとっての「クルマ」や「船」は「夢」を実現するために存在しています。

第9章

桃の露天商をしていた話

～商売人の心得、世渡りの度胸を植え付けてくれた

アルバイトよりも儲かる露天商の道へ

私は大学生の当時、プロのレーシングドライバーを目指していました。

私にとってのレーシングドライバーは「趣味」を超えていました。プロのレーシングドライバーになるには速く走れるだけではダメで、関係者との交渉事とか、一つ一つが真剣でした。

そして、レースに出るためにはお金がとてもかかります。そこで私は、この資金を稼ぐためにアルバイトよりも効率のよい「露天商」をすることにしました。

では「何を売るのか?」が次のテーマです。

私は「桃売り」を選びました。

それは、山梨から桃を満載した10ｔトラックが、毎朝、阪急神崎川駅の近くにまで運んできているのを知ったことがきっかけです。

当時の桃にとって「山梨」はあまり知られていませんでした。そこで当時、山梨の桃は卸売りの市場であまりいい値が付きにくかったようです。そんなことで、別な形での販売先を探していたようです。

そんな山梨の桃に興味を抱いた私は、その阪急神崎川駅の近くに行って、そこで卸されている山梨の桃をいろいろと買って食べ比べしてみました。

桃は子供の頃から大好物でした。柔らかいけれどきちんと丸くなっている桃の皮をゆっくりとめくっていくと、ペロンとはがれる。そこで白い果実にかぶりつくと甘い汁が口の中に広がります。ものすごいご馳走です。

桃にはそんな印象を抱いていましたが、その売場で売っていた桃はちょっと違っていました。触ると、なんだかがっしりとしている。皮はペロンではなく、果物ナイフを使用した方が便利。果実は柔らかいものもあれば、固いものもあり、スモモのように酸味が強いものもありました。

そもそも「桃」自体にはごちそう感がとてもありますから、これが露店で手軽に買うことが出来るのであれば「絶対に売れるはずだ」と私は考えました。

こんな「うまい話」を友達に話をしたら、その彼も「やってみたい」という。そこで私は、桃の露天商にチャレンジすることにしました。友達も桃売りをすることになりますが、私は一匹狼です。

露店の売れる場所、売れる心得

翌朝、再び阪急神崎川駅近くの「山梨の桃」の卸し場に軽トラで行って、桃が詰められた「ばんじゅう」を20箱程度仕入れました。そこで、道路地図帳を見て、売れそうな場所を探しました。ワクワクしました。

最初に向かったのは私の母校、豊中市立第九中学校の近くの歩道です。「ここで桃が売れる」と確信したというよりも、いま思うと土地勘があったというだけで、そこを選んだようです。このとき真夏の昼間で、住宅街の歩道なんかに人通りなんてありませんね。当たり前です。全く売れないので、早々に別の売り場所を探しました。

次に向かったのが桃山台駅の地下道東側の出口でした。ここも私の地元です。乗降客が多い駅ですが、駅前にスーパーがないことが記憶にありました。案の定、駅から家に向かう人たちが、どんどん買ってくれて、17時に売り切りました。

家に帰ると一緒に桃売りを始めた友達から電話がありました。当時は携帯がないので家電です。彼は公衆電話からかけてきました。

聞くと「17時を回っているのに全然売れていない」と。泣きそうな声で助けを求めてきたので、どこにいるか聞いて、応援に向かいました。その彼が選んだ売り場も、自分の地元の駅の近く。狙いどころはいいのですが、露天商にはある種の「度胸」が必要なようです。

そして、すっかり暗くなった21時前に友達の桃を売り切りました。

桃はすぐに腐ります。だから、その日の朝に仕入れた桃は、その日のうちに売り切る必要があるのです。私はこの日、桃の露天商初デビューでしたが、そのような勘が働いていました。商売のセンスがあったのでしょうか。

商品に嘘偽りなく儲かる売り方

仕入先では、桃はばんじゅうに詰めて売られています。大きい桃は7個×4列、小さい桃は8個×5列です。小さい桃は大きい桃よりちょっと見劣りしますが、私はその中から、なおさら小さくて青みがかったものを8個抜き出して、空のばんじゅうにヘタを上に向けて並べました。これらの桃を商売の小道具にしようと考えたのです。どのように活用したのか、それは後で書きますね。

なぜヘタを上にするのか。私はいろいろと桃を触って、並べて、眺めてみては気付いたのです。

「桃はみなへたの反対側のオシリを上にして並べられている」ということを。へたを上にすると野性味がありますが、おいしそうではありません。ぷりっとしたオシリが並んでいることで、桃の甘い果汁が連想されるのです。

桃は並べ方一つで、おいしい桃というよりも「野性味がある桃」、そして「甘い果汁がじゅわっと出てくる桃」と、イメージが真逆になる。こんなことに気付きました。

そして、お客様にとって分かりやすく、買いたくなる売り方を考えました。看板は木製の板を白く塗ってつくりました。ここに大きくピンク色で「もも」の文字。その右上には「産地直送」。全くその通り、嘘偽りはございません。

下には「8個500円ヨリ」。この「ヨリ」は小さい文字です。これも嘘偽りはございません。私はすっかりと露天商の世界にはまっていました。

桃売りの露店を構えていると、それに興味を抱いて、たくさんの人が桃の売り場を覗きます。私はすかさず、試食用に用意しておいた大きくてぷりっとしたおいしい桃を果物ナイフでサクッと小さく切り出して、食べてもらいます。

「あら。おいしいわね。8個500円の桃を頂戴」とお客さんは言います。

「あ、その桃はこっちの方で」と、青くてヘタを上にした小さい桃が並んでいるばんじゅうを見せます。

それを見たお客さんは一瞬驚きますが、私はすかさず別の桃をお勧めします。

「いま食べていただいたのはこっちの方で」と、ぷりっとしたオシリを上にした桃のばんじゅうを指さします。小１列８個が７００円、大１列７個が９００円。すると、みなさん、ぷりっとしたオシリの桃を買ってくださいます。こうして桃の露天商はめちぇくちゃ儲かって、楽しくなりました。

露天商にはいろんな競争相手がいる

桃の露天商は、めちゃくちゃ儲かって商売の面白さを教えてくれました。そしてもう一つ、もっと大きなこと「根性」を植え付けてくれました。みなさんも容易に想像できるでしょうが、露天商とは、毎日が平穏で、何も問題なく、じゃんじゃん儲かっているわけではありません。

桃売りの売上を上げるために、売り場探しを工夫します。「ここは桃売りの適地」だと思って、新しい場所に桃を並べていきます。「じゃんじゃん売れてくれよ」と思いながら。そこで脳裏をよぎることは、いつもこんなことです。

「いちゃもん、つけられるかな」

売れていく期待と、いちゃもんへの恐怖心が同居しています。

初めて阪急池田駅に行ったときの出来事を書きます。

線路沿いにズラーっと露天商が並んでいます。地元の人が良く知る露店の名所のようです。道行く人たちが、露店を覗いては買い物をしていきます。

この光景を見た私は、こう思い込みました。

「ここは誰でも露店を出していいところなんだ!」と。

こうして私はワクワクしながら、露店が並ぶ一番端に桃の売り場をつくり出しました。

それが、ものの5分もたっていません。

私よりちょっと年上のお兄さんから話しかけられました。いかにも香ばしい雰囲気が漂っています。

「おまえ、阪神テキヤ連合入っているんか!」

「はあ?」

「すぐ片付けんかい! 潰すぞ!」

私はこのとき、初めて阪神テキヤ連合なるものの存在を知りました。「露天商の世界は、組織になっているのか」と。

また、ダイエーの向かい側で露店を構えたときは、桃の売り場をつくって1時間もしないうちにお巡りさんがやって来ました。

「道路使用許可証を見せてください」

「え？　そんなもの、持っていませんけど」

「では、すぐに撤去しなさい。でなければ逮捕します」

警察は誰かが通報しないと来ないものだと聞いていました。この時はダイエーが通報していたようです。

芦屋の生協の向かい側に露店を構えたときは、びっくりするほど売れました。調子に乗って、翌週も同じ場所に桃を並べました。すると今度は全く売れません。

「なぜなんだ」

周りを見渡すと、生協が店頭でとてもおいしそうな桃を、私の露店の桃よりもはるかに安く並べていたのです。

「生協、やるなあ。露天商に対抗してきたわけね」

桃売りは「たこ焼き屋」と競合しない

いろいろな場所で露店商をしているうちに、「露店商の勘」というものが身に付いていきました。

あるとき、JR摂津富田駅の線路沿いに2坪ぐらいの空き地を見つけ出して。

「ここだったら、文句を言ってくる人は誰もいないだろう」と。

でも、声を掛けられるタイミングというものが必ずあるのですよ。

そこで、いつも通り、ワクワク、ドキドキしながら桃を並べていました。すると見るからに香ばしい雰囲気の方がいらっしゃいました。

「おまえ、誰に断って店出しとんじゃ！」「あとで挨拶に来い！」と。

そこで名刺を渡されました。Aと書かれていて、ここから近いところに事務所があります。このときはちょっと怖い思いをしただけで、何事もありませんでした。

この日の夕方、露店の桃を売り切ってから、用意していた大きな桃10個を袋に入れて事務所を訪問しました。

そこには、今朝がた私の露店にやってきた男性が一人いました。私にこう言いました。

「桃やったら、たこ焼きと競合しないから許したる」と。桃を受け取ってくれて、この場所で桃売りを続けることのお許しをいただいたような感じがしました。

その日の売上はとても良くて、翌週もそこに露店を出しました。そして、桃を売り切った夕方に、ぷっくり大きな桃10個を袋に入れて事務所を訪問。

また翌週も、そこで桃を売り切って、夕方事務所に向かいご挨拶。この夕方の事務所訪問はすっかりルーティンとなっていました。

そして、ご挨拶に伺ったある日のこと。いつもの男性とは違う、風格が漂う男性が一人。どうやら組長のようです。私を見て、いきなりこう言いました。

「おまえ、うちに何人組員がいると思うてんねん！　桃で組員養っていけるわけないやろ！現金を置いていけ！」「いくら稼ぎがあるんや？」と。

私は、とっさにひらめいたままこう言いました。

「バイトなので1日4000円もろてます」

「それやったら、1500円置いてけ！」

私はこれを聞いて、心の中でこうつぶやきました。

「なんや、桃10個より安いやん」。

その次の週、テレビニュースを観ていてビックリです。「Aに対抗している組の組員が、この事務所に突入し組長に発砲。組長は射殺された」と。

私がそこにいたタイミングでこの発砲があれば、私も一緒に射殺されていたかもしれません。

「でも、そんなことは、ないやろ」と、妄想を膨らませました。

露天商で「度胸がついた」と感じた瞬間

新たな露店の売り場を探していた私は、京都に遠征したことがあります。三条大橋をクルマで通ったら、めちゃくちゃたくさんの人通りです。

「よし、ここに桃を並べよう！」

そこで、三条大橋の西の付け根あたりに桃の露店を構えました。大繁華街での桃売りデビューです。「じゃんじゃん売れたら、もっとたくさん仕入れなきゃ」とウキウキしました。ところが全く売れない。「なぜだ」と。

私は、その理由をだんだんと理解していきました。人通りが多いのは「観光客」だったのです。そうこうしていると、いつものようにあちらの世界のお兄ちゃんがいちゃもんをつけてきました。

「あとで事務所に挨拶に行くので、お名刺をくださいい」

私も慣れたものです。

その名刺にはBと書いてあって、金色の紋章がついていました。いろんな組がありますが、格上の組を感じました。

その事務所は遊廓があるところにありました。京都の遊廓は祇園と同じように、芸者（遊女）が所属する置き屋と、芸者（遊女）と営みをする茶屋があります。茶屋に入ると置き屋から着物姿の遊女がカタカタと下駄を鳴らしてやってくるのですよ。おそらくこの遊郭街もBの資金源なのでしょうか。

私はそちらの事務所の場所を確認しましたが、三条大橋は全く売れなかったことから、結局挨拶にいきませんでした。観光地は桃売りにはまったくふさわしくありません。

桃売りの露天商は結局３年やりました。

振り返ると、１回の仕入れが15万円で20万円売っていました。粗利が４万円です。今から40年前のことでしたから。当時の大学生にとってはめちゃくちゃ高収入でした。

私が就職して、初任給が12万７０００円でした。「うわー、モモ売りの３日分しかない」と思ったものです。

桃売りの露天商を辞めた理由は、レースのための資金を稼ぐ必要がなくなったからです。つまり、レーシングドライバーの道を諦めたということです。そして、私は会社勤めをします。青春の夢は絶たれましたが、桃の露天商は私にたくさんの示唆をもたらしてくれました。

それは、お客様に喜んで買っていただくための方法、売れる場所を見つける嗅覚、香ばしい世界の方々との交渉の仕方、等々。商売人としての心得と、世渡りに必要な度胸と段取りを植え付けてくれました。

桃売りの露天商は、私の事業家としての原点です。

私の奥さんは、私の桃売りのお客さん

桃売りの露天商時代のことで、人生最大の出来事があったお話です。

豊中駅前にニチイというデパートがありました。

ここの1階には豊中信用金庫が入っていました。今の北おおさか信用金庫の前身です。

このニチイは火曜日が定休日になっていました。

そこでいつしか、私は毎週火曜日このデパートの1階にあった豊中信用金庫前で露店を構えることがルーティンになっていました。隣では茨木市のおばあちゃんが漬け物を売っていました。みんなおばあちゃんの手づくりで、とてもおいしかった。

すると、お昼どきの12時半ごろ、私の露店の前を豊中信用金庫の制服を着た可愛い子が通るのです。

「この信用金庫に可愛い子がおるやん！　釣り銭用の両替はここでしよう」と。

そんなことで、私はこの信用金庫でいつも必要以上の両替をするようになりました。

ある火曜日のこと、その可愛い子が友達と2人で桃を買いに来てくれました。

私は損得なんかお構いなしに、あちこちのばんじゅうから、ぷりっと大きくておいしそうな桃を8個選んで、その子に渡しました。

次の火曜日、私はウキウキしながら豊中駅に向かいました。例によって漬け物のおばあちゃんの隣に桃を並べました。

するとまた12時半です。豊中信用金庫の可愛い子が露店の前を通ります。

私はすかさずこう言いました。

「この前の桃、美味しかったやろ！」

「うん、おいしかった」

「いま、お昼休み？　お茶しよ！」

私は「もも」と書かれた看板をばんじゅうの上に蓋がわりに置いて、その子とお茶をしに行きました。その可愛い子は、あれから40年たったいまも私の横にいてサポートしてくれています。

その可愛い子とデパートの前で出会ってから5年後、千里阪急ホテルで結婚式を挙げたのです。

彼女側の主賓は豊中信用金庫の本町（豊中駅前）支店長です。主賓にはあらかじめ出会いとかを説明するものですが、彼女は自分が勤めている支店の前で桃を売っていた露天商のお兄ちゃんから声を掛けられたのがなれそめとは、恥ずかしくて言えなかったみたいです。そこで、その支店長はご存知なかった。

披露宴のスピーチで、支店長は「この子は、旦那さんとどこで出会ったか教えてくれないんです」とお話しされました。

披露宴が進んで、お互いの友人のスピーチから「旦那さんは、自分の信用金庫の前で桃を売っていたお兄ちゃん」と知り、驚いただろうなぁ。

いまでも彼女は、私の親戚から「露天商のお兄ちゃんとよく結婚したわね」と言われています。

第10章

私の青春「レーシングドライバー」

～「夢」を持ち続ける習性を身に付けてくれた

高校1年生のとき「鈴鹿」に夢中になる

私が高校時代にオートバイに夢中になっていた話は第7章で書きました。その同時期、「鈴鹿サーキット」（三重県鈴鹿市）のカーレースを知り、これ以来レーシングドライバーに憧れました。そして、19歳のときに初めて「鈴鹿」を走り、それ以来、私の青春は「レーシングドライバー」一色になっていきます。これから、この一連の話を書いていきます。

鈴鹿サーキットのレースを知ったのは高校1年生の当時で、中部日本放送で収録したものが、TBS系のテレビで放映されていました。初めてそれを見て以来、私はすっかりカーレースのとりこになりました。

放送は土曜日の16時からですが、それが今日の土曜日なのか、そうではないのか分かりません。そこで、毎週土曜日の朝、目を皿にして新聞のテレビ番組欄を見ていました。また、同じ土曜日の16時に富士スピードウェイ（静岡県小山町）の「富士グランチャンピオンレース」も放送されるようになりました。

当時はビデオがありませんから、レースの開催を心待ちにして、放映が始まると手を握りしめて集中して見ていました。高校時代からエンジン関係にとても興味があったことから、スポーツカーのエンジンの構造については専門書を読んで理解していました。

レースの世界選手権は「フォーミュラ1」（F1）がよく知られています。これはFIA（国際自動車連盟）が主宰する世界最高峰のクラスです。世界の約20カ所で開催されます。日本では2023年9月鈴鹿サーキットで開催、2024年は4月に開催されます。

F1の下のクラスに「フォーミュラ2」（F2）が存在します。日本では「スーパーフォーミュラ」と呼ばれ、アジア圏で最高峰のシリーズとなっています。これは鈴鹿サーキット、富士スピードウェイに加えて、オートポリス（大分県日田市）、スポーツランドSUGO（宮城県村田市）、モビリティリゾートもてぎ（栃木県茂木町）といったサーキットで開催されます。

F2に次ぐクラスに「スーパーフォーミュラ・ライツ」があります。これは以前「フォーミュラ3」（F3）と呼ばれていました。

初めて「鈴鹿」を走った感動

大学1年生のときに、エンジン好きの私のことを知ったクラスメートから「お前、鈴鹿サーキットを走ってみないか」と、声を掛けられました。

私は即「走りたいよ。走れんの?」と、聞き返しました。

すると、クラスメートはこう教えてくれました。

「オレの友達が、JAF(日本自動車連盟)公認クラブの関西スポーツカークラブに入っていて、今度ここが鈴鹿サーキットを借り切るらしい。2時間かな。そこでファミリー走行会という形で、参加者はこの中で走れるよ」という。

「なんと! 憧れの鈴鹿サーキットを走れる」

このとき、私は「フェアレディZ」に乗っていて、このファミリー走行会の日に、これで鈴鹿サーキットに駆け付けました。

さて、コースインです。コースを走る前に行うことは、クルマのヘッドライトにビニールテープでバッテンを付けることです。それは、クルマがクラッシュしたときヘッドライトのガラス片が散らばらないようにするためです。そして、ゼッケンを渡されて、左右のドアにビニールテープで貼ります。もうすっかりプロのレーシングドライバーの気分です。このとき関西スポーツカークラブの人が、「無理をしないでね」と私に言うのですが、憧れのサーキットを走るのにゆっくり走るなんてことはできません。この当時、箕面ドライブウエイで走り屋をやっていましたので「オレは日本一早い走り屋や」と思い上がっていました。

そこでコースを思いっきり走ったのですが、ともかく怖かったことをはっきりと覚えています。でも、楽しかった。

「サルーンカークラス」の魅力

ここでの空いた時間に、鈴鹿サーキットのメインスタンドに居て、いろいろなマシンがメインスタンド前のストレートを走るのを見ていました。

すると、ボロボロの「サニー」がゼッケンをつけて爆音を上げてたくさん走っていました。そこで、関西スポーツカークラブの人に聞いてみたのです。

「あれは何ですか?」

「あれは『鈴鹿シルバーカップレース』というもので、いろんなクラスがあるのだけど、その中で『サルーンカークラス』のマシンなんだよ」

それは1300cc以下の市販車を改造して走るレースのことで、このクラスだと日産車では「サニー」「チェリー」、トヨタ車では「カローラ」「スターレット」、マツダ車だと「ファミリア」とかが対象となります。

この中で1200cc「サニー」が一番速かったのです。そこで参加者の全員が「サニー」でした。

でもなぜ、全員が「サニー」なのでしょう。

鈴鹿サーキットは1周6㎞あります。予選は20分間走って、その中でベストの1周のタイムの早い順に決勝のスタート順位が決まります。ポールポジション（予選1位）のタイムが2分48秒ぐらい、最後尾のマシンのタイムが2分50秒くらい、1周6㎞のコースを走ってタイム差がわずか2秒しかないのです。

予選は50台ずつ2グループに分かれて走り、それぞれのグループから上位15台ずつ、合計30台が決勝に進みます。だからベースとなるクルマが少しでも早い必要があるのです。カローラとかファミリアだと、どれだけ腕が良くても予選すら通らないのです。そこで全員がサニーでした。

サニーはサニーでもこのレースに使われるのは生産終了して8年以上経った二代目サニー（型式名B110）です。1981年当時販売されていたサニーは四代目（型式名B310）です。一般的には技術の進んだ最新のクルマのほうが古いクルマより速いですよね。ところが1973年に自動車業界を揺るがした排出ガス規制が施行され、規制以降に販売されるクルマは排出ガス規制をクリアするためにエンジン馬力は二の次になっていました。

「では、速いクルマは」となると、新型車ではなくて、排出ガス規制が始まる前の古いクルマなのです。こんな現象はめったにないことです。

初めてレースに出るチャンスをつかむ

この「鈴鹿シルバーカップレース」を走るためにまずベースのクルマを解体屋さんに買いに行きます。

解体屋さんでは廃車証明書のない古いクルマは1台1万円とか、高くても3万円で売ってくれます。鉄くずの値段ですね。書類（廃車証明書）付きの車検を取ることのできるクルマは10万円でした。

購入したクルマは改造します。このクラスはカーレースの入門用ですが、それでも、ロールバー、バケットシート、合わせガラスなどの安全装備や軽量化、エンジンや足回りのチューンなどレースに勝つためには改造にお金をかけなければいけません。ベースとなる車両代を除いても１００万円以上はかかります。

こんなことを説明してくれた関西スポーツカークラブの人は魚屋さんをしている人で、私に「このレースに興味ある？」と聞いてきました。私が「あります」と答えました。

その魚屋さんはこのクラスのレースに出ていた人で、「オレ、レースを辞めようと思っていたところで。興味があるんだったらクルマを譲ってあげるよ」と。そこで、改造済の「サニー」

を40万円程度で譲ってくださるという。

このサニーのホモロゲーション（公認レース出場するための型式認定）が翌年末で切れるため、翌年末には公認レースに出ることができなくなり二束三文になるので、格安で譲ってくれることになりました。

格安と言っても大学生には大金です。「40万するんか〜」と。

それが6月のことで、「夏休みにお金をつくろう」と始めたのが先に書いた桃の露天商でした。

そして一切無駄使いをしないで、お金を貯めました。桃の露店商は7月1日から8月10日までやって、そこで40万円が貯まりました。

そのお金を父に預金してもらおうと思い、全額父に渡しました。

私は小さなころからずっと、父からけなされて育っていました。何度も書きますが、算数で95点取って、それを父に見せると、「なんやそんな点数。オレは100点取ってたぞ」といった感じです。

しかし後日、父の会社の社員さんから、こんなことを聞かされました。

「『これ、オレの息子が稼いできたお金だ』言うて、社長は自慢してたよ」と。

私が商売して、まとまったお金をつくったことを、うれしく思っていたようです。

ボロボロ「サニー」の最後のレース

そこで、8月の末に父に預けておいたお金を持って、その魚屋さんのところに持っていきました。魚屋さんは、こう言いました。

「お前、本当にお金稼いだんか？　じゃ、もう一つスペアカーも持っているので、この2台ともにお前に譲る」と。

私は、クルマ2台もいらないから、友人に「お前もレースやれよ」と10万円で売りました。

そこで、9月に鈴鹿サーキットのライセンスを取って、10月に入って練習を始めました。

そして次の年の1982年、ここで初めて「サニー」でレースに出ました。

この「サニー」は生産が終了してからこの年で10年が経過します。

先ほども言いましたが、FIAが発行するホモロゲーションの関係からこの1982年というのは、B110型サニーがレースに出ることができる最後の年になります。

排出ガス規制が施行され「新型車よりも古いクルマのほうが速い」という珍現象が起き、レーシングカーのベース車両を解体屋から1～3万円で手に入れるという、考えられないような超ラッキーな状態が、1982年でいよいよ終わりを迎えることになりました。

ですから、私が初めて鈴鹿サーキットでレーシングカーが走っているのを見たとき、この古い「サニー」だらけになっていたのは、ホロモゲーションの期限が迫っていたので、みんながこのクルマに乗っていたということです。安くレースに参加できる、最後のレースということです。

これが過ぎると、「シビック」の新車や、フォーミュラカーの「FJ1600」を用意する必要があります。

そこで1983年以降鈴鹿シルバーカーレースに出るためには「シビックレース」の場合、ホワイトボディと呼ばれるエアコンとかラジオとか何もついていない新車のベース車両をホンダから150万円程度で買って、これを100万円くらいで改造するので車両代を含めて250万円くらいお金がかかる。

こんな感じで、これから100万円以下で出場できるレースがなくなるという事情があり、みんなボロボロの「サニー」で出てきたという、そんな背景がありました。

初めて予選通過した「サニー」の思い出

決勝レースを走ることができるのは30台までです。これ以上になると、予選落ちで切られることになります。

このとき、エントリー希望が120台ほどあったそうです。このうち過去の成績などの書類審査があって、20台ほど切られたそうです。

私は、関西で一番大きな関西スポーツカークラブに入っていたので、エントリーだけは受け付けてくれました。

でも、お金がなくて満足いく練習はしていない。タイヤも新品に履き替えるお金がなくて山が減ったタイヤ。チューニングショップにいってエンジンをつくってもらうお金もなく、自分たちでオーバーホールをやっていました。

このとき「自分は世界一や」と生意気盛りですから、「予選落ちするのはマシンが悪いからや」と自分の力不足を認めない。そこで、予選落ちが続いていて、この「サニー」で走ることが出来る最後の最終戦に勝負をかけました。いくらなんでも一回も決勝を走らずに終わってしまうのは納得いきません。

有り金はたいて、とは言っても3万円ぐらいですが、岸和田にあるチューニングショップにいって、「レースの予選を切り抜けて、本選に出たいので、お金がこれしかないけれど、スペシャルエンジンをレンタルさせてください」とお願いしました。

すると、このお店の人が「いいよ」と、エンジンを積み替えてくれました。

そこでレースに出たところ、いきなりタイムが3秒短縮して、予選29位、ぎりぎり予選通過が出来ました。

このレースには感動しました。スターティンググリッドに並んで、選手紹介で自分の名前を呼ばれ、シグナルが「3、2、1」とカウントダウン、そして「グリーン点灯」、心臓ドキドキでした。

このサニーのレースはみんなにとって最後のレースでしたから、マシンが壊れてもかまわないという覚悟で先を争って1コーナーに突っ込んでいきます。私が1コーナーに差し掛かった時にはコース上に何台もクラッシュしていました。私はイン側に避けて芝生の上を走りコース上に戻ったときには12位に順位が上がっていました。結局この最後のレースで、私は14位でゴールしました。

有名人になっていく若きレーサーたち

そして次の年、もう「サニー」はありません。やるとしたら「シビックレース」か「FJ1600レース」のどちらかです。

どちらのレースにしてもマシンを用意するには200万～300万円必要です。私はお金がないので、誰かのクルマに乗せてもらえないかなと鈴鹿サーキットに通っていました。そこで「サニーレース」の決勝を走ったということが大きな勲章になりました。

大阪にWEEDというチームがあるのですが、ここの会長の宮本博司さんと私は箕面ドライブウエイで走り屋をしていた仲で、仲良しです。

この宮本さんが1981年から始まった「シビックレース」に出ていて「黒澤元治選手」「生沢徹選手」「高橋国光選手」「津々見友彦選手」といった日本のトップレーサーに混じり優勝をしていました。その宮本さんが翌年「FJ1600」にステップアップしたのです。

FJ1600クラスにはシルバーカップレースで走るBシリーズとF2レースの前座戦で走るAシリーズがあります。あるときのFJ1600のレースでのことです。

このときのスターティンググリッドは、予選1位ポールポジション「片山右京選手」、2位が「成瀬茂樹選手」、7位「太田哲也選手」、8位「中嶋修選手」、です。

片山選手はこの後日本のトップレースであるF3000でチャンピオンになり世界最高峰のF1に行きました。

成瀬選手はF3にステップアップしましたが、富士で大事故に遭い、そこでレースを引退しています。

太田選手は日本のトップレースであるF3000や富士グランチャンピオンレースに参戦、14年後の1998年にGT300レースでクラッシュしマシンが炎上、全身大やけどの瀕死の重傷を負ってしまいます。

中嶋選手は残念ながら2012年鈴鹿でのスーパー耐久レースで帰らぬ人となりました。

「片山右京選手」の走りを見てプロの道を諦めた

われらが「宮本博司選手」は予選28位でした。ビリから3番目。

このレースの2週間前、私は宮本さんのFJ1600に乗せてもらっています。そのときの私は宮本さんから2秒遅かったのです。

宮本さんは片山さんから何秒遅いかというと4秒です。片山さんは2分28秒56です。宮本さんは2分32秒73。さらに私は2秒遅いので、片山さんに対して6秒遅いことになります。2年落ちのマシンというハンディはありましたが。

この予選の日は晴れでしたが、次の日の決勝は雨でした。雨になると、タイヤが滑りやすくなります。アクセルを踏んでもタイヤが空回りするので、エンジンパワーを100％使うことができません。

そこで、マシンの性能差が少なくなって運転技術とコントロール能力が問われてきて、そこで差が現れます。

この雨の日のレースに、片山さんは成瀬さんに対し、10周しかないレースなのに、ストレート1本分を引き離したのです。ぶっちぎりでした。このシーンを見て「この世界にはなんてすごい人がいるんだろう」と思いました。ここで私は、プロのレーシングドライバーになることをきっぱりと諦めました。そこで、サラリーマンになりました。

「片山さんの何がすごいのか」というのは、はっきり言ってよく分かりません。横にのせてもらったことはないし。当時は車載カメラというものもないし。見ていても、どうしてこのような差ができるのか、ということが分かりません。

いまのレーシングカーはデータ取得が完璧

いまは走行中のマシンのデータを取る仕組みが進んでいます。いま走っているマシンのデータをパソコンに取り込んで、グラフで見ることが出来ます。

私のマシンにプロの人に乗ってもらって、その後、私のデータとプロのデータを比較すると、「1コーナーに侵入するときのブレーキが5m速い」といったことが出てきます。そこで、この比較したグラフを見ていると、それぞれがどのような走りをしているかが全部分かります。

当時は、このような仕組みが全くないので、どのような走りをしているのか、ということは分かりません。当時はマシンにスピードメーターもありませんから。

私が出ていた「サニー」のレースでは、市販車ですから最初からスピードメーター、タコメーター、そして水温計が付いています。

ところが、このスピードメーターのところに、ガムテープで蓋をしてあるのです。

「なんで、スピードメーターを隠しているの?」

このように先輩に聞いたところ、

「だって速度制限とかないんやから、スピードメーターを見たところで意味がないやろ」と。

でも、何km出ているか見たくて、ガムテープをはがして鈴鹿を走りました。すると、スピードメーターの針がペコーンと振り切っていました。

このクルマは「サニーGX」というスポーツモデルで、スピードメーターは180kmまで刻んでありました。そこを超えてしまっていて、200kmぐらいのところまで針がいってしまっているのですね。

昔のスピードメーターって、かなり表示があまくなっていました。メーターで180kmを指していても、実測すると160kmくらいとか。100kmを指していても実際には92kmとか。

そこで、さっきのガムテープをはがしてスピードメーターを見ていた話は、200kmぐらいを指していてもたぶん180kmぐらいのことだったと思います。ただ、針が振り切ってベターと止まっていたので、スピードメーターがついていても意味がないな、と思いました。

ところが、いまのレーシングカーは違います。さまざまなデータがメーターに表示されます。そして全部SDカードの中にデータが入ります。GPSが付いていますから、どこをどう走ったか、ということも分かります。

鈴鹿サーキットはクルマの高速化を支えた

「鈴鹿」はホンダの創業者である本田宗一郎さんがつくったサーキットです。宗一郎さんはこんなことを言っていたそうです。

「これからの時代は、高速道路ができるし、クルマには高速の性能が必要になる。またクルマ社会が健全に発展していくためには『モータースポーツ』という文化も必要だろう。そのために日本もヨーロッパのようにレーシングコースをつくらなければいけない」と。

このプロジェクトがスタートしてから、ヨーロッパの幾つかのコースを参考にして設計にとりかかりました。コースの1周はおよそ6㎞、土地面積は20万から30万坪が必要となり、建設場所の候補は全国に数カ所が挙げられて検証に赴きました。

そこで1960年春、建設地は「鈴鹿」に決定しました。

最初は、このプロジェクトメンバーが平野にサーキットをつくろうとして、田んぼを埋め立てようとしたようです。すると、宗一郎さんは「田んぼを潰すとは、大馬鹿者かー!」と。「日本人にとって『田んぼ』とは、どれほど重要なものなのか分かっているのか。農家さんに迷惑のかからないところにつくれ！」と。

そこで、現在の鈴鹿サーキットは森林原野の中につくることになりました。いま、1コーナーのイン側にため池があります。宗一郎さんは「このため池は潰すな！　農家さんにとって大切なものだから」と、指示を出したそうです。

工事の最中は日本初の高速道路である名神高速道路の一部が京都山科地区で始まった状態で、その関係者が鈴鹿の工事の状況を見学にくるほど注目を浴びていたそうです。そして、1962年9月20日「鈴鹿サーキット」は竣工式を迎えました。

そして、F1を開催する際に対応して、安全性を優先したコースに改修されていきました。

「鈴鹿」は世界のF1レーサーが大好きな場所

F1レーサーは世界の20カ国を転戦します。日本に来たときには鈴鹿サーキットで開催され

■鈴鹿サーキット コースのイメージ　　全長 4輪：5.807㎞

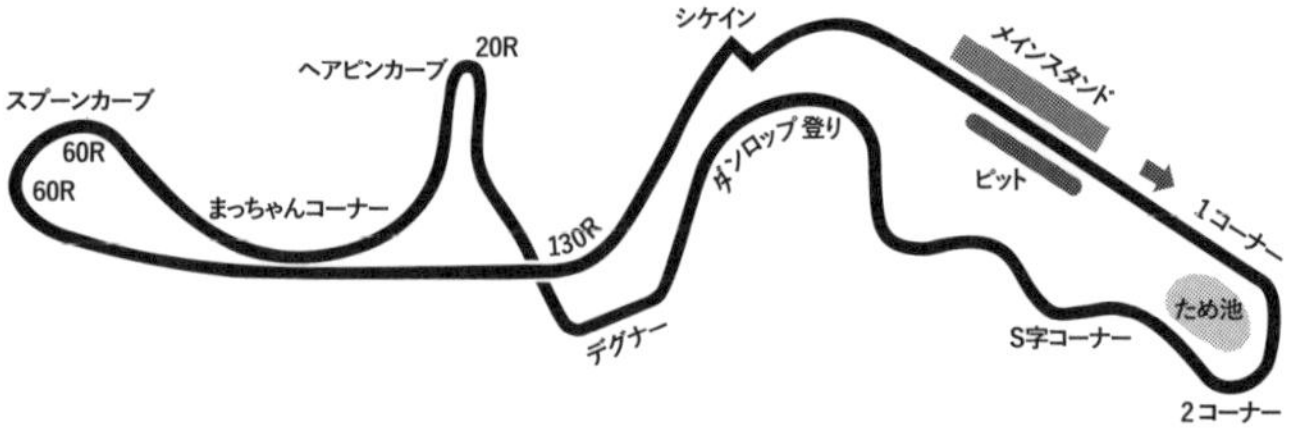

ます。このＦ１レーサーに「世界のさまざまなサーキットの中で、一番楽しく走りがいがあるコースはどこですか?」と尋ねると、ほとんどの人が「鈴鹿サーキット」と回答します。

みな「鈴鹿サーキットは、神がつくったレイアウト」と言います。そして「日本のファンは礼儀正しいし熱狂的、日本は食べ物もおいしいし、見るところもいろいろあって楽しい」という声も加わります。

先日、日本のトップレーサーが私にこう言いました。

「もし、鈴鹿サーキットがヨーロッパにあったら、われわれは1年に1回走ることが出来るかどうかだ。ですから、ヨーロッパのレーサーたちは、日本に住んでいるわれわれのことをとても羨んでいると思う」

私は大阪に住んでいますから、世界一の鈴鹿サーキットまで2時間で行くことが出来ます。岡山国際サーキットも同様に2時間で行くことができます。岡山国際もＦ１を開催したことのあるＦＩＡ公認の国際格式のサーキットですが、どっちが好きかと問われると、断然鈴鹿です。

鈴鹿はホンダが所有しているサーキット場で、テスト走行や各種イベント、日本のトップレースなどがたくさん行われます。

そこで、われわれが練習することができる日は、月に2日程度しかありません。一方の岡山国際サーキットは、練習できる日がとても多いことから、確かに練習になるかもしれません。しかし、鈴鹿は練習日を取る日が難しくても、練習走行をするだけでとても楽しいです。

鈴鹿を走るためには「鈴鹿サーキット」が発行しているライセンスを持っていると走ることが出来ます。そのための試験は学科だけで、実技はありません。試験時間は3時間程度、どんな人でも合格出来ます。そして、サーキットを走ることができるクルマがあると走ることが出来ます

私が42年前に鈴鹿を初めて走ったときの「ファミリー走行会」はいまでも開催されています。ここで走るときはライセンスは必要ありません。JAF公認のクラブが借り切っているので、町中を走る普通のクルマでも走ることが出来ます。

レースに出場するにはそのレースの格式に合ったライセンスが必要になります。国内格式のレースであれば「国

内A級ライセンス」、国際格式であれば「国際C級」「国際B級」といった具合です。ちなみにF1に出場するには「スーパーライセンス」が必要です。

「国内A級ライセンス」は簡単に取ることができますが、「スーパーライセンス」は日本のトップレーサーであっても簡単に取れるものではありません。

このようにカーレースには、さまざまな活躍のチャンスが存在しているのです。

私は、レーシングドライバーの世界に魅入られました。プロの道を諦めましたが、この世界を体験したことで「夢」を追う習性が体全部にしみついています。私は、この世界と出合ったことで、オンリーワンの人生を歩むことが出来ていることに心から感謝しています。

今、クリーンライフにはプロのレーシングドライバーを目指している若者がいます。どこまで応援できるかわかりませんが、夢を持つ若者を応援する企業であり続けたいと思っています。

どうぞ、左のQRコードを読み取ってください。

おわりに

わが社、クリーンライフの目標は「日本一のG駆除技術を持つ会社になる」ということです。いまわが社では、そこに到達するためのすべてのことを行っています。

では、誰が、どんなところが「駆除技術日本一」を認定するのでしょうか。そんな立場の人、機関はありません。この目標は、あくまで私やわが社の社員が心に秘めて抱いています。

これに向かって、仕事にやりがいを感じてもらう、仲間意識を抱いてもらう、会社に誇りを持ってもらう。それによって社員のモチベーションが上がる、ということを実践しています。

現実的なことを言うと、わが社のお客様の飲食店でGを見ることは初回作業のときだけです。2回目以降、見かけることはほとんどありません。トラップを仕掛けていて「半年間で一匹つかまっていることもある」といった程度です。新規に契約したお客様の飲食店にお邪魔して、その段階でGがいないということもあります。

G駆除のご契約は、Gがいなくなったら終わるということではありません。ごく一部そのようなお客様もいらっしゃいますが「Gがいなくなっても G駆除の契約は必要だ」と考えるお客様がほとんどです。ですから、わが社では次々とお仕事をいただいています。

このようなお客様の飲食店はとても清潔です。G駆除管理が徹底しています。そのような意識がお店の全体に浸透していますから、従業員のみなさんはとても礼儀正しく、みなさんの表情に明るさが満ちています。

そこでわが社の作業員は、お客様の現場に行って何をするのでしょうか。コロニーが発生しないように薬を塗るのでしょうか。確かにその通りですが、わが社の作業員はお客様に喜んでいただくために現場に赴いているのです。

イソップ物語の中に「レンガ職人の話」があります。こんな内容です。

世界中をまわっている旅人が、ある町外れの一本道を歩いていると、一人の男が道の脇で難しい顔をしながらレンガを積んでいました。旅人はその男のそばに立ち止まって、こう尋ねました。

「ここで何をしているのですか?」

するとその男はこう答えました。

「何って、見れば分かるだろう。レンガ積みに決まっているだろう。朝から晩まで、俺はここでレンガを積まないといけないのさ。あんたたちには分からないだろうけど、暑い日も寒い日も、風の強い日も、日がな一日レンガ積みさ。腰は痛くなるし、手はこのとおり」

男は自分のひび割れた汚れた両手を差し出して、旅人に見せました。

旅人は、その男に慰めの言葉を残して、再び歩き続けました。

少し歩くと、一生懸命レンガを積んでいる別の男に出会いました。先ほどの男のように辛そうには見えませんでした。そこで旅人は同じように尋ねました。

「ここで何をしているのですか?」

するとこの男はこう答えました。

「俺はね、ここで大きな壁をつくっているんだよ。これが俺の仕事でね」

「大変ですね」

旅人はこのようにいたわりの声をかけました。

「なんてことはないよ。この仕事のおかげで俺は家族を養っていけるんだ。大変だなんて言ったらバチがあたるよ」

旅人は励ましの言葉を残して歩き続けました。

また、少し歩くと、別の男が活き活きと楽しそうにレンガを積んでいる様子に出会いました。

旅人は興味深く尋ねました。

「ここでいったい何をしているのですか？」

するとこの男はこう答えました。

「俺のことかい？　俺たちは、歴史に残る大聖堂を造っているんだ」

「大変ですね」

旅人はいたわりの声をかけました。

「とんでもない。ここで多くの人が祝福を受け、悲しみを払うんだぜ。素晴らしいだろう！」

旅人は、その男にお礼の言葉を残して、再び元気いっぱいに歩き続けました。


この中の3番目の男には「夢」があります。同じレンガを積む仕事でも、3番目の男の仕事によると、とても素晴らしいものが出来上がります。

わが社、クリーンライフが目指す世界は、この3番目の男の世界です。

Gを飲食店からなくすためには、薬がすべてを解決するものではありません。飲食店が日ごろから衛生管理を徹底している必要があります。不要な段ボールを放置していてはいけないとか、残渣（ざんさ）をちゃんと片づけないといけないとか、日ごろからお店に衛生管理意識を浸透させていなければなりません。

当社の作業員は、そのためのきっかけをつくり、お手伝いをしていることにすぎません。

日ごろから衛生管理を徹底していて、Ｇが出てこない飲食店の従業員の表情は明るさに満ちています。ユニフォームも清潔です。時折店内から笑い声が聞こえてきます。そんな飲食店で食事をしているお客様の表情も明るいです。そんな飲食店にお客様は足を運びます。この街に必要な飲食店だと、心の中で感じています。

当社、クリーンライフは「日本一のＧ駆除技術を持つ会社になる」という目標を持って、このような飲食店のお手伝いをしています。

今回、私がこの本を書くに際して、飲食業の業界に詳しい千葉哲幸さん、株式会社キイストンの細見昇市社長と株式会社創藝社の吉木稔朗さん、関めぐみさんにお世話になりました。誠にありがとうございました。

この本が、みなさまのお仕事や人生観のお役に立てることができれば、私にとってこの上ない幸せなことです。これからもわが社、クリーンライフは目標に向かって精進してまいります。

２０２４年４月吉日

株式会社 クリーンライフ　代表取締役　大野 宗

【著者略歴】

大野 宗（おおの そう）

株式会社 クリーンライフ　代表取締役

昭和36年（1961年）3月生まれ、大阪府出身。近畿大学理工学部を卒業後、フジコピアン株式会社に入社。勤務を続けながらも、自身の人生を賭ける価値ある仕事を捜し求めるうち、ゴキブリ駆除事業と巡り合う。会社勤めの傍ら、そのノウハウを学び、1997年に個人事業マジックバスターとして独立。2005年に株式会社となり、株式会社クリーンライフに商号変更した。

■株式会社 クリーンライフ

住所／大阪府大阪市都島区都島北通2-12-2

https://magicbuster.com/

G《ゴキブリ》駆除業者のすてきな話

営業をしなくても仕事がやってくる

2024年4月30日　第1刷発行

著　　者　大野　宗
発 行 人　相田　勲

発 行 所　株式会社創藝社
〒160-0023　東京都新宿区西新宿7-3-10　21山京ビル504号室
電話: 050-3697-3347

印　　刷　中央精版印刷株式会社

協　　力　株式会社キイストン　細見昇市
フードサービスジャーナリスト　千葉哲幸
デザイン　合同会社スマイルファクトリー

ISBN978-4-88144-273-9　C0034